中外巨人传

欧阳修

李贵银 著

辽海出版社

图书在版编目（CIP）数据

欧阳修 / 李贵银，尹丽著 . —沈阳：辽海出版社，2015.5（2019.1 重印）
ISBN 978-7-5451-1155-2

Ⅰ . ①欧… Ⅱ . ①李… ②尹… Ⅲ . ①欧阳修（1007-1072）—生平事迹 Ⅳ . ① K825.6

中国版本图书馆 CIP 数据核字（2019）第 027160 号

责任编辑：柳海松
责任校对：顾　季
装帧设计：马寄萍

出 版 者：辽海出版社
　　　地　　址：沈阳市和平区十一纬路 25 号
　　　邮　　编：110003
　　　电　　话：024-23284473
　　　E-mail:dyh550912@163.com
印 刷 者：天津海德伟业印务有限公司
发 行 者：辽海出版社

幅面尺寸：165mm×230mm
印　　张：13
字　　数：131 千字

出版时间：2015 年 5 月第 1 版
印刷时间：2019 年 1 月第 2 次印刷
定　　价：29.80 元

版权所有　翻印必究

目 录

001 引 言

001 一、欧阳修的生平
001 （一）求学成才
001 1. 幼年勤学
003 2. 三试得中
005 3. 初官伊洛
021 （二）从政前期
021 1. 因言得罪
040 2. 庆历新政
056 3. 醉翁之意
068 4. 徙知扬、颍

- 079 （三）从政后期
- 079 1. 入迁翰林
- 080 2. 出使契丹
- 081 3. 权知贡举
- 085 4. 权知开封
- 087 5. 痛失尧臣
- 090 6. 选登二府
- 096 7. 飞语中伤
- 100 8. 致仕归颍

- 110 二、欧阳修的经学观

- 122 三、欧阳修的史学观

- 132 四、欧阳修的文学观

- 165 五、欧阳修的艺术观
- 165 （一）欧阳修谈书法
- 175 （二）欧阳修谈绘画
- 177 （三）欧阳修说琴

- 185 附录

引　言

陈寅恪先生曾经说过："华夏民族之文化，历数千年之演进，造极于赵宋之世。"欧阳修以其在政治、经学、文学、史学、金石学、谱牒学等多领域的丰硕成果及其影响力，为宋代文化的发展做出了巨大的贡献。不仅如此，欧阳修以其全面的文学修养与艺术修养也成为宋代文人士大夫的典型。

综观欧阳修的一生，实际上他的为人、为政与为学自觉地践履了儒家"志于道，据于德，依于仁，游于艺"的立身行事准则，坚持按照儒家"三不朽"的价值追求塑造与完善自身。欧阳修尊明道术，反映在学术上，用"切于事实"、"本于人情"的态度，钻研儒家经典的本义，并联系实际做出新的阐释；反映在为政上，他仁民爱物，揭露时弊，实行宽简之治；反映在为文上，他不仅自身文备众体，以丰硕的成果确立了文坛领袖的地位，还不遗余力地培育和提携文学后辈，荡涤西昆体雕琢靡丽的流弊，力矫"太学体"怪僻艰涩的文风，推动宋代诗文的革新，将宋代文学的发展引向了一条关注现实、崇尚自然又不拘格套的康庄大道；反映在艺术领域，他琴、棋、书、画样样皆通，充满生活情趣，成为中国古代文人士大夫的典型代表。欧阳修对宋代文化乃至整个中国古代文化都有着巨大的影响，其价值还有待我们今人进一步地发掘。

一、欧阳修的生平

欧阳修是北宋著名的文学家、政治家,在经学、史学、金石学、谱牒学等领域留下了丰硕的成果,在中国文化发展史上做出了卓越的贡献。大文豪苏轼终生服膺欧阳修并以师事之,曾这样评价他:"事业三朝之望,文章百世之师。"欧阳修的道德、文章与功业,不仅为当世文宗,也为后世师法。欧阳修自景德四年(1007)出生,至熙宁五年(1072)逝世,享年六十有六。其一生大致可分为求学成才、从政前期与从政后期三个阶段。

(一)求学成才

1. 幼年勤学

宋真宗景德四年(1007),欧阳修出生于绵州(今四川绵阳)。其父欧阳观时任绵州军事推官,母亲郑氏为江南名族。不幸的是,在他四岁那年,父亲于泰州军事判官任上去世。欧阳观非常廉洁,并且乐善好施,喜欢结交宾客。他的俸禄很微薄,可是他刻意花尽不使有剩余,说:"不要让它们成为我的累赘"。所以到他去世的时候,家里没有一块瓦遮蔽,没有一块地可种植,以作为生活

的依靠。母亲郑氏守节自誓，由于家境贫寒，便带着欧阳修投奔时任随州推官的叔父欧阳晔，从此，便在随州定居下来。在欧阳修后来的诗文作品中，当他回忆童年生活时，总离不了"饥寒"，如："仕宦希寸禄，庶无饥寒迫。读书事文章，本以代耕织。"家境的贫寒也使少年欧阳修立志要通过读书，谋求仕宦之路："念昔始从师，力学希仕宦。岂敢取声名，惟期脱贫贱。"

母亲郑氏受过良好的家庭教育，自然当起儿子的启蒙老师。由于家贫，郑氏便以荻画地，教欧阳修识字，又让他诵读古人篇章，学习做诗。郑氏还经常以丈夫立身行事的准则教导欧阳修："奉养父母不一定要丰厚，但一定要孝敬；由于条件的限制，不能博施于众，但深厚的仁爱之心不可缺少。我不能教你，这是你父亲的志向。"欧阳修在母亲的教导下，勤学苦读，培养心志。家里无书可读，便向邻里的士大夫家借书读，有时碰到感兴趣的书，便边读边抄，书还未抄完，便已能记诵下来。经过一段废寝忘食的勤学苦读之后，欧阳修的学业有了飞速的进步，所作的诗赋文字，已能达到成人的水平。这让他的叔父大为吃惊，也深感安慰，对他的母亲说："嫂子不必担心家贫子幼，这个孩子不寻常，将来不仅能光耀我欧阳氏的门楣，必将名重当世。"

随州州南有位李姓大户，家有藏书，家贫无书的欧阳修常去李家借书。李氏的儿子尧辅年少好学，与欧阳修结成了朋友。一个很偶然的机会，欧阳修从李家的旧书筐中发现残本《昌黎先生文集》六卷，卷帙脱落，次序也颠倒错乱。欧阳修从李家要来这本残缺不全的文集，读后感觉"其言深厚而雄博"。对于年仅十岁的欧阳修来说，一时难以悉究其文意，但是韩文的浩然无涯还是给他留下了难以磨灭的印象。这也奠定了他与韩文的不解之缘：他在科考及第

后研习韩文；权知贡举时，又大力倡导韩愈的古文，以扭转宋代文坛的风气。年少时，与韩愈文集的猝然相遇，不想竟奠定了欧阳修一生的文学走向，成就了他"文章为百世之师"的地位。从另一个角度来说，韩愈文章淹没无闻二百年后，竟得少年欧阳修之青睐，又赖之以发扬于宋世，这不知是文学史上的偶然还是必然。

2. 三试得中

仁宗天圣元年（1023），十七岁的欧阳修参加了随州的州试，但因作赋逸官韵而见黜，但是其应试时所写的"石言于晋，神降于莘。内蛇斗而外蛇伤，新鬼大而故鬼小"，却语出奇警而大传于时。三年后，通过州试，由随州荐名，参加天圣五年（1027）春天的礼部贡举，又一次落榜。

对于两次应试失败，欧阳修曾深刻地总结了失败的经验教训，他发现当时文坛流行以杨亿、刘筠等人的作品为代表的时文，也就是骈文。"能者取科第，擅名声，以夸荣当世，未尝有道韩文者"。在骈文风靡一时的背景下，沉浸秾郁的韩愈文章没有市场。认清这一现实后，欧阳修决定先将韩文搁置一旁，无暇深学，当务之急，先学时文，以便"干禄以养亲"。但同时他也暗下决心："苟得禄矣，当尽力于斯文，以偿其素志"。显然欧阳修学习时文，并不是出于内心的喜爱，而是迫于做官以养亲的现实处境。他花了两三年的时间，致力于研习时文，也颇有所得。天圣六年（1028），欧阳修带着用骈文写就的《上胥学士偃启》去汉阳拜谒胥偃。在这篇启文中，欧阳修驰骋才藻，洋洋洒洒，以偶对工稳，又富于辞情的骈体，表达了对胥偃的仰慕之情及渴盼其引荐的殷殷之意：

伏念某社樗槁，膏棘钝昏，抱器质以何堪，赋天机而甚浅。晞发华旦，徒跂于清流；措足英躔，终惭于远到。自遭家之不造，早遂生于百忧。茹叹之音，悲存乎手泽；动明之韵，远失于先时。西华以孤露而见哀，庾信以流离而多感。矧复齐气多缓，秾筋甚驽，乏朽木之先容，无一钱而为地。旁魄而论都邑，则被伦父之诃；顽钝以取世资，但听斫轮之晓。终非令器，第困穷途。一昨窃万家之应书，随重车而上计。方策条对，廑至猥并；雅陈匪仪，失于盘辟。甘触闻而引去，但饮墨以蒙羞。卧漳滨而养痾，窜身兹久；吊湘累而感赋，些语迷招。当树之于无何，宜匠者之不顾。

……然遇某官量波无际，宇荫甚秋，推毂成猷，嘘枯振德。裹觇崇闳，不方备乎四时；吞云梦于胸中，兼容尽于一介。幸望许承音旨，少贬光尘，曲垂褒采之私，俾获题评之目。如是，则六辔在手，骥足何滞于蚁封；五色成文，乐节或资于牛铎。荷恩有素，累牍奚陈。

（《欧阳修全集》卷九十五）

在这篇启文中，欧阳修很动情地叙述了自己生于百忧、第困穷途的遭际及渴望胥偃题评援引的心曲。胥偃是当时以清节著称的名臣，一见欧阳修的文章非常惊奇，断言"子当有名于世"！在回复欧阳修的启文中，胥偃对欧阳修高度评价："幽意绚于道德，高义薄于云天，飞染遒丽以盈箱，彤缋纷华而满眼。赏孙诗之零雨，何止一章；赞沈赋之碻星，岂惟数句。固将备西昆之玉府，奚独易东堂之桂枝，允矣难能，诚哉可畏。虽亨衢自至，靡资左右之先容；

而名路共成,敢惜齿牙之余论。"胥偃将欧阳修留在门下,悉心指导,并带欧阳修到京师,在当时的名臣之间极力称誉欧阳修。

天圣七年,欧阳修以《玉不琢不成器赋》参加国子监考试,中了第一名,补广文馆生。秋天,又赴国学解试,又中第一。第二年,试礼部,资政殿学士晏殊权知贡举,欧阳修复为第一。这一年的三月,在崇政殿参加了由仁宗皇帝亲自主持的殿试,欧阳修名列甲科第十四名,中了进士。被授为将仕郎,试秘书省校书郎充西京留守推官,欧阳修正式走入仕途。

3. 初官伊洛

天圣九年(1031)三月,意气风发的欧阳修来到洛阳就职。在这里他将遇到与他趣味相投的文学同道,做诗论文,度过他仕途中最为优游愉悦的一段美好时光,而他们的文学创作也成为宋代诗文革新潮流的先导。

洛阳,自东汉以来,曹魏、西晋、北魏孝文帝、隋炀帝、后唐等,先后定都于此。宋代有东、西两京。东京开封是当时的政治中心,西京洛阳是陪都。时任西京留守的正是与杨亿、刘筠齐名的擅长骈文写作的钱惟演。钱惟演是五代吴越国王钱俶之子,家富藏书,于书无所不读。他曾对僚属们说:"平生惟好读书,坐则读经史,卧则读小说,上厕则阅小辞,盖未尝顷刻释卷也。"这位好读书的上司也非常喜欢罗致人才,他与时任通判的谢绛一道,奖掖后进,给文士们提供了宽松闲适的文化环境。一时幕府里人才繁盛,有尹源(字子渐)、富弼(字彦国)、张汝士(字尧夫)、杨愈(字子聪)、张先(字子野)、尹洙(字师鲁)和梅尧臣(字圣俞)、王复(字几道)、孙长卿(字次公)等人。这些人组成

了一个品位高雅的文人群体。在《书怀感事寄梅圣俞》一诗中，欧阳修曾对这些人物的气质风神有所评价：

  幕府足文士，相公方好闲。
  希深好风骨，迥出风尘间。
  师鲁心磊落，高谈羲与轩。
  子渐品若讷，诵书坐千言。
  彦国善饮酒，百盏颜未丹。
  几道事闲远，风流如谢安。
  子聪作参军，常跨破虎鞯。
  子野乃秃翁，戏弄时脱冠。
  次公才旷奇，王霸驰笔端。
  圣俞善吟哦，共嘲为阆仙。
  唯予号达老，醉必如张颠。

  此诗将西京幕府中文士们的个性特点、才气风貌点染刻画出来，也充盈着文士雅聚诗酒放达的潇洒闲适之趣。

  钱惟演给予这些文士十分优渥宽松的环境。一次，谢绛与欧阳修一起登嵩山游玩，到达龙门时下起了雪，两人正在观赏雪中山景，忽然见到有人骑马冒雪渡过伊水而来，原来是钱惟演派来的厨子和歌妓，并且传达了钱惟演的吩咐："登山辛苦，两位可以在山上多留一阵赏雪，府里公事简易，用不着急着赶回去。"不难想像，欧阳修与其僚友们在钱惟演幕府里当是度过了一段十分轻松愉悦的生活。

  在《送徐生之渑池》一诗中，欧阳修曾深情地回忆当时西京

幕府的盛况："河南地望雄西京，相公好贤天下称。吹嘘死灰生气馁，谈笑暖律回严凝。曾陪尊俎被顾盼，罗列台阁皆名卿。""我昔初官便伊洛，当时意气尤骄矜。主人乐士喜文学，幕府最盛多交朋。园林相映花百种，都邑四顾山千层。朝行绿槐听流水，夜饮翠幕张红灯。"欧阳修与这些人平日里游山玩水，论诗作文，迭相师友。此时，他终于可以践行前言，摒弃时文，钻研古文。在《与荆南乐秀才书》中，欧阳修自述心曲：

> 仆少从进士举于有司，学为诗赋，以备程试，凡三举而得第……仆少孤贫，贪禄仕以养亲，不暇就师穷经，以学圣人之遗业。而涉猎书史，姑随世俗作所谓时文者，皆穿蠹经传，移此俪彼，以为浮薄，惟恐不悦于时人，非有卓然自立之言如古人者。然有司过采，屡以先多士。及得第已来，自以前所为不足以称有司之举而当长者之知，始大改其为，庶几有立。(《欧阳修全集》卷四十七)

欧阳修好古文，但迫于"贪禄仕以养亲"的现实压力，不得不学做时文以博科名，科考得第后，便改作古文。在西京幕府中，即便是在一位擅长骈文的上司手下，职责所在要求做时文，他也不做。对此，《答陕西安抚使范成图辞辟命书》有记载：

> 况今世人所谓四六者，非修所好，少为进士时不多作之，自及第，遂弃不复作。在西京佐三相幕府，于职当作，亦不为作，此师鲁所见。(《欧阳修全集》卷四十七)

应该说，欧阳修在洛阳任留守推官时期能随心所欲研习古文，主要得益于钱惟演的开明，一方面，这位以时文著称的一代文章家能在其幕府中吸引接纳了一批各具特色的文士，其中还不乏与其文学旨趣相异之人，如崇尚古文的尹师鲁等人，可见其包容的胸怀；另一方面，对于年少气盛的欧阳修而讲，能做到"于职当作，亦不为作"，更是见出钱惟演的宽容与开明。可想而知，在这样的氛围里，欧阳修与尹师鲁切磋诗艺，较量文场，创作水平得到了大幅提高。后来，朝廷明令天下学者尽为古文之际，这批得风气之先的文士能够脱颖而出，名擅天下便不言自明了。

洛阳城内有一条河流名为伊水，香山与龙门山在伊水的两岸，隔水相望。欧阳修与他的同僚们经常在伊水泛舟垂钓，到龙门山与香山爬山游览，有时分题作诗唱和纪游，有时伊川独游，有时雨中独酌，并有诗作以纪当时游赏之趣。今略举数首，以见其乐。如《游龙门分题》十五首中写登山之趣的："蹑蹻上高山，探险慕幽赏。初惊涧芳草，忽望岩扉敞。林穷路已迷，但逐樵歌响。"由此诗可以想像，欧阳修与僚友们登山探险时轻松愉悦的心境。再如《伊川独游》诗云："东郊渐微绿，驱马欣独往。梅繁野渡晴，泉落春山响。身闲爱物外，趣远谐心赏。归路逐樵歌，落日寒川上。"这首诗记述了早春时节，诗人驱马独游伊川的悠然自得之情。

在这样惬意自得的轻松氛围中，欧阳修与僚友们游山玩水，赋诗作文，结下了深厚的友谊。正如他在《七交七首》自叙中所言：

余本漫浪者，兹亦漫为官。胡然类鸱夷，托载随车辕。时士不俯眉，默默谁与言？赖有洛有俊，日许相跻

攀。饮德醉醇酎，袭馨佩春兰。平时罢军檄，文酒聊相欢。

可见，在伊洛时期，朋友间的深厚情谊与文酒相欢的生活，给欧阳修生活带来的无穷乐趣，这也奠定了他一生交游的深厚根基，无论是在他得志或失意的时候，与这些朋友的分离团聚、应答唱和、倾吐心曲成为欧阳修生活的重要组成部分，给予欧阳修深深的情感慰藉。在欧阳修留下来的诗文等作品中，可以验证这一点。在这一时期，欧阳修与尹师鲁、梅尧臣、杨愈、王复等结为"七友"，有《七交》诗为证。这些人中，尹师鲁与梅尧臣，对欧阳修的文学创作产生了十分重要的影响。

梅尧臣，字圣俞，宣城（今安徽宣州）人。在欧阳修来到洛阳不久，梅尧臣恰好调来洛阳任河南县主簿，两人虽未谋面，但欧阳修对梅尧臣的诗名钦佩已久。在《七交七首·梅主簿》一诗里，欧阳修这样称道梅尧臣：

圣俞翘楚才，乃是东南秀。玉山高岑岑，映我觉形陋。《离骚》喻草香，诗人识鸟兽。城中争拥鼻，欲学不能就。平日礼文贤，宁久滞奔走。

此诗作者极度自谦，以此来映衬圣俞的诗才与风采，以及作者对他的仰慕之情。二人结下了深厚的友谊。但是，由于时任河南通判的谢绛是梅尧臣的妻兄，为了避嫌，尧臣调任河阳县（今河南孟县南）主簿。好在相距不远，尧臣常常往返于河、洛之间，二人依然交往甚密，相互切磋诗文。在《送梅圣俞归河阳序》一

文中，欧阳修盛赞了圣俞的才华，并对二人的交往有所记载：

> 至宝潜乎山川之幽，而能先群物以贵于世者，负其有异而已。故珠潜于泥，玉潜于璞，不与夫蜃蛤、珉石混而弃者，其先膺美泽之气，辉然特见于外也。士固有潜乎卑位，而与夫庸庸之流俯仰上下，然卒不混者，其文章才美之光气，亦有辉然而特见者矣。然求珠者必之乎海，求玉者必之乎蓝田，求贤士者必之乎通邑大都，据其会，就其名，而择其精焉尔。洛阳，天子之西都，距京师不数驿，搢绅仕官杂然而处，其亦珠玉之渊海欤！予方据是而择之，独得于梅君圣俞，其所谓辉然特见而精者邪！
>
> 圣俞志高而行洁，气秀而色和，崭然独出于众人中。初为河南主簿，以亲嫌移佐河阳，常喜与洛之士游，故因吏事而至于此。余尝与之徜徉于嵩洛之下，每得绝崖倒壑、深林古宇，则心相与吟哦其间，始而欢然以相得，终则畅然觉乎薰蒸浸渍之为益也，故久而不厌。既而以吏事讫，言归。余且惜其去，又悲夫潜乎下邑，混于庸庸。然所谓能先群物而贵于世者，恃其异而已，则光气之辉然者，岂能掩之哉！（《欧阳修全集》卷六十六）

此文中，欧阳修将梅圣俞比作潜于渊海的珠玉，难掩其文章才美之辉光。"志高而行洁，气秀而色和，崭然独出于众人中"是对圣俞气质、才华的高度评价。自圣俞转官河阳后，常往来于河洛之间，二人"徜徉于嵩洛之下，每得绝崖倒壑、深林古宇，

欧阳修

则心相与吟哦其间，始而欢然以相得，终则畅然觉乎薰蒸浸渍之为益也，故久而不厌。"二人游山玩水，赋诗作文，欢然自得，互许为知音。在作于明道元年的《书梅圣俞稿后》一文中，欧阳修自许为梅圣俞的知音，对圣俞的诗歌创作给予评价：

  古者登歌清庙，太师掌之，而诸侯之国亦各有诗，以道其风土性情。至于投壶、缭射，必使工歌，以达其意，而为宾荣。盖诗者，乐之苗裔欤！汉之苏、李，魏之曹、刘，得其正始。宋、齐而下，得其浮淫流佚。唐之时，子昂、李、杜、沈、宋、王维之徒，或得其淳古淡泊之声，或得其舒和高畅之节，而孟郊、贾岛之徒，又得其悲愁郁堙之气。由是而下，得者时有，而不纯笃。今圣俞亦得之。然其体长于本人情，状风物，英华雅正，变态百出，哆兮其似春，凄兮其似秋，使人读之可以喜，可以悲，陶畅酣适，不知手足之将鼓舞也。斯固得深者邪！其感人之至，所谓与乐同其苗裔者邪！余尝问诗于圣俞，其声律之高下，文语之疵病，可以指而告余也，至其心之得者，不可以言而告也。余亦将以心得意会，而未能至之者也。

  圣俞久在洛中，其诗亦往往人皆有之，今将告归，余因求其稿而写之。然夫前所谓心之所得者，如伯牙鼓琴，子期听之，不相语而意相知也。余今得圣俞之稿，犹伯牙之琴弦乎！（《欧阳修全集》卷七十二）

在这段文字中，欧阳修以"诗者，乐之苗裔"为中心，评价

了汉代以降的杰出的诗人，认为圣俞亦为有得者，可以跻身于著名诗人的行列。圣俞之诗感人至深，可称得上是"与乐同其苗裔"，其诗有可学处，有只可心得意会而不能至之之处。欧阳修对梅圣俞的诗才推崇之至于此篇可见一斑。二人自伊洛订交以后，在欧阳修的一生中，梅圣俞可称得上是与他惺惺相惜、忧喜相伴的挚友。无论宦海沉浮，遭遇怎样的人生变故，或是于生活中细小的会心处，二人常常发而为歌诗，互相慰藉，真挚的情谊深刻感人，也成就了宋代文坛上的一段佳话。

这一时期，欧阳修还结交了以擅长古文闻名于世的尹洙。尹洙，字师鲁，河南（今洛阳）人。在当时文坛上，于古文创作方面，尹洙得风气之先，在西昆体盛行之际，从事古文创作，颇见功力，为同辈所推服。范仲淹称他"少有高识，不逐时辈"，"深于《春秋》，故其文谨严，辞约而理精。章奏疏议，大见风采"。欧阳修自少年时起便为韩愈的文章所倾倒，得中高第后，可以一偿夙愿，从事古文创作，因此，在伊洛时期，与尹洙相识后，两人可以说是志趣相投，一见如故。《七交七首·尹书记》一诗便是称赞尹洙的：

师鲁天下才，神锋凛豪隽。逸骥卧秋枥，意在骙骙迅。平居弄翰墨，挥洒不停瞬。谈笑帝王略，驱驰古今论。良工求正玉，片石胡为韫？

欧阳修对尹洙的才华十分折服，二人也因爱好古文创作的相同旨趣，结下了深厚的友谊。尹师鲁去世后，欧阳修为其作表墓文字，对其一生的成就给予了高度评价，称赞其文学成就曰：

欧阳修

"师鲁为文章,简而有法。博学强记,通知今古,长于《春秋》。""简而有法"既是欧阳修对尹师鲁的高度评价,同时也是他个人文章创作的自觉追求,而这种追求,早在伊洛时期,欧阳修与尹师鲁切磋古文时便已开始。明道二年(1032)初夏,钱惟演修建"临辕阁",命谢希深、尹师鲁和欧阳修三人各撰一记。欧阳修挥笔立就,最先完成,写了千余言。尹师鲁一看,当时就说:"我只需五百字即可。"于是,欧阳修接受他的意见,对文字进行删改,存五百余字。谢绛所作也有五百字。尹师鲁写得最短,仅有三百八十余字,并且"语简事备,复典重有法"。二人十分折服,说:"只以师鲁所作的文字献给丞相即可,我们二人所作的当深藏。"丞相来索文字,只有师鲁进献了,二人以他事为故推辞。钱惟演说:"怎么能这么不重视呢,我早已派人磨好了三块石碑等候镌刻呢?"二人不得已,只好将写好的记文奉上。但是,欧阳修心有不甘,于是独自带着酒食前往师鲁处,跟他通宵谈论文艺。师鲁说:"大抵写作文字最忌的是格弱字冗。诸君所作文章格调很高,功力不到处,便是格弱字冗。"经师鲁点拨后,欧阳修有所领悟,于是另作一篇记文,比师鲁所作还少了二十字,且"尤完粹有法"。师鲁见了拍案叫绝,对人说:"欧九真一日千里也。"

与圣俞谈诗、与师鲁品文,徜徉于洛阳山水之间,这段悠闲惬意又充满浓郁文化氛围的洛阳生活,不仅涤荡了欧阳修的艺术胸襟与品格意趣,也奠定了他文学创作的根基。在这种悠游余裕的生活中,欧阳修也不忘关注朝政与百姓日用民生。

明道元年(1032)八月,京师皇宫大火,崇德、长春、滋福、会庆、崇徽等八座宫殿均遭焚毁。时相吕夷简为修葺大内使,下令京东西、淮南、江东、河北诸路提供工匠与建筑材料。洛阳

"樊圃棋错"的竹园，数日间便"地榛园芜"，砍伐一空。而砍下的竹子又超过了所需，堆积野外，任其腐烂。这种横征暴敛的情况激起了欧阳修的极大愤慨，遂写下了《戕竹记》：

  洛最多竹，樊圃棋错。包箨榯笋之赢，岁尚十数万缗，坐安候利，宁肯为渭川下？然其治水庸，任土物，简历芟养，率须谨严。家必有小斋闲馆在亏蔽间，宾欲赏，辄腰舆以入，不问辟疆，恬无怪让也。以是名其俗为好事。

  壬申之秋，人吏率持镰斧，亡公私谁何，且戕且桴，不竭不止。守都出令：有敢隐一毫为私，不与公上急病，服王官为慢，齿王民为悖。如是累日，地榛园芜，下亡有啬色少见于颜间者，由是知其民之急上。

  噫！古者伐山林，纳材苇，惟是地物之美，必登王府，以经于用，不供谓之畔废，不时谓之暴殄。今土宇广斥，赋入委叠，上益笃俭，非有广居盛囿之侈。县官材用，顾不衍溢朽蠹，而一有非常，敛取无艺。意者营饰像庙过差乎！《书》不云"不作无益害有益"，又曰"君子节用而爱人"。天子有司所当朝夕谋虑，守官与道，不可以忽也。推类而广之，则竹事犹末。（《欧阳修全集》卷六十四）

这篇文字先由洛阳竹林之盛、赋税之利、百姓赏竹之俗写起，继之以人吏戕竹，通过今昔对比，突显了官吏的横征暴敛对洛阳竹林造成的无法弥补的戕害，最后以议论文字作结，以小见大，

由"竹事"推扩至朝政,希望天子与各级官吏能够"节用而爱人",爱惜民力。对于初入仕途的欧阳修来说,这篇文字中反映的宽简爱民、议论时事、关注现实的倾向也是他一生为政奉行的主张与为文着力关注的方面。

欧阳修对朝政的关注还反映在《上范司谏书》一文中。这篇文章作于明道二年(1033)。这一年三月,章献太后病逝,仁宗亲政,时任随州通判的范仲淹被召入京作司谏,朝廷当时正酝酿着一场改革。范仲淹,字希文,苏州吴县(今属江苏)人。大中祥符八年(1015)进士及第。他是一位有着远大政治理想,以安国家、定社稷为己任的政治家。范仲淹入京作司谏,包括欧阳修在内的洛中才士都对他给以厚望:"近执事(范仲淹)始被召于随州,洛之士大夫相与语曰:'我识范君,知其材也。其来不为御史,必为谏官。'及命下,果然,则又相与语曰:'我识范君,知其贤也。他日闻有立天子陛下,直辞正色面争庭论者,非他人,必范君也。'"可是,范仲淹自作司谏以来,两月有余,未进一言,令人大失所望,于是欧阳修迫不及待地写下了这封书信。书信以祝贺范仲淹作司谏为开篇,然后讲道贺的理由在于"司谏"官虽为七品官,但"天下之得失、一时之公议系焉","若天下之失得、生民之利害、社稷之大计,惟所见闻而不系职司者,独宰相可行之,谏官可言之尔。"谏官的职责如此重要,"与宰相等",因此,谏官与宰相都要由"学古怀道"者担任。但是,与宰相不同的是,如果宰相失职,"受责于有司";谏官失职,"取讥于君子"。"有司之法行乎一时,君子之讥著之简册而诏明,垂之百世而不泯,甚可惧也。"由此看来,谏官承担的职责更重,"夫七品之官,任天下之责,惧百世之讥",所以一定要有才华又贤能的人

来担任。接着又讲洛中才士对范仲淹寄予的厚望，又援引唐德宗谏议大夫阳城的故事，对"有待而为"发表自己的看法，最后希望范仲淹"思天子所以见用之意，惧君子百世之讥，一陈昌言，以塞重望，且解洛之士大夫之惑"。这篇书信对谏官之责十分看重，对范仲淹寄予殷切希望，反映了欧阳修"以天下为己任"的担当精神。而这种担当精神应该说是贯穿了欧阳修仕途生涯的始终，他坚持不顾个人利害得失，屡屡建言朝政，皇帝也认为实属难得，曾对近臣说过："如欧阳修者，何处得来？"另外，从为文的角度来说，这篇书信属政论文，写得义正词婉，丝丝入扣，跌宕多姿，不愧为宋代政论文的名篇佳作，也展示了欧阳修文章艺术的成熟。

明道二年九月，西京留守钱惟演被劾，落平章事，调往随州。对于钱惟演而言，在垂暮之年，被贬到偏避之地，远离政治文化中心，其心境可想而知。对于留守府的诸位僚友而言，对这位一向待他们宽容的长官的离任，也表现出依依不舍之情，有诗为证：

诏书走东下，丞相忽南迁。送之伊水头，相顾泪潸潸。
——欧阳修《书怀感事寄梅圣俞》

钱惟演走后不久，王顾、杨愈、谢绛也先后任满离开洛阳。梅尧臣也前往汴京参加来春的礼部省试，同行的还有王复等人。众好友的离开，引起了欧阳修的无限伤感，在《别圣俞》一诗中他表达了这种落寞的情绪：

车马古城隅，喧喧分晓色。
行人念归途，居者徒惨恻。

薄宦共羁旅，论交喜金石。
荐以朋酒欢，宁知岁月适。
人事坐云变，出处俄乖隔。
关山自兹始，挥袂举轻策。
岁暮寒云多，野旷阴风积。
征蹄践严霜，别酒临长陌。
应念同时人，独为未归客。

这首诗里表达了对昔日朋友间诗酒相欢的美好生活的无限留恋与追忆，也有对前途未知的淡淡感伤。随着朋友们的离去，美好的西京幕府生活也即将落下帷幕。

继任的西京留守是寇准的女婿王曙，《宋史》本传称他"方严简重，有大臣体，居官深自抑损"。与钱惟演的个性作风不同，王曙作风严明，对僚属们的要求也较为严格。习惯了自由宽松的洛阳文士们叫苦不迭，有时故态复萌，令王曙十分不悦。一次，王曙正言厉色地训诫欧阳修等人："各位可知寇莱公晚年之祸吗？正是因为纵酒过度导致的啊！"众人都低头不语。惟独欧阳修起身回答道："以修看来，寇公晚年之祸不是因为酒，是因为老而不知退的缘故。"当时王曙已年过七十，欧阳修此语显然是讥刺王曙，但王曙听罢没有做声，最终也未发怒。此事一则说明欧阳修年少气盛，谈锋机辩，对钱惟演时代的西京幕府生活不无留恋情绪；一则说明王曙毕竟还是有着长者的胸怀与气度，对欧阳修的讥讽不予计较。

后来发生了一件事，令王曙对欧阳修刮目相看。一天，一位兵士自服役地逃归洛阳，被扭送到推官厅处置。欧阳修非常审慎地对待这件案子，仔细讯问后觉得还需要做进一步调查，就没有

做最后判决。王曙听说这件事后，就责问欧阳修："那个兵士为何还未判决？"欧阳修回答："我认为应该送回服役地复审。"王曙说："像这样的案子，我作官以来断过很多了。你刚作官，但也不必这样多疑。"欧阳修回答："此案若由相公直接审理，您将他斩首也是可以的。但若由下官负责，恕难从命。"几天后一个夜里，王曙忽然召来欧阳修，问："那个士兵处斩了吗？"欧阳修回答："还没有。"王曙庆幸地说："差点就误事了！"

欧阳修处理案件的审慎态度，主要缘于自幼他母亲便以其父遗事与遗训教育他的结果。欧阳修的父亲欧阳观为吏时，曾经夜里点着蜡烛看案卷，他多次停下来叹气，妻子问他为何叹气，他回答说："这是一个判了死罪的案子，我想为他求得一条生路却办不到。"妻子问："可以为死囚找生路吗？"他说："想为他寻找生路而不得，那么，死者和我就都无遗憾了，况且去寻求生路而又办到呢！正因为寻求生路有能办到的，所以知道不为死囚求生路而被处死的人可能有遗恨啊。常常为死囚求生路，还不免错杀，偏偏世人总有人想置犯人于死地呢？"欧阳观回头看见奶娘抱着欧阳修站在旁边，便指着孩子叹气说："算命的说我遇上戌年就会死，假使他的话应验了，我就看不见儿子长大成人了，将来你要把我的话告诉他。"欧阳观也常常用这些话教育其他晚辈，妻子听惯了所以记得很清楚。后来便将这些话教育欧阳修。欧阳修流泪记下了这些教诲，不敢忘记。因此，当他做推官处理案件时，能够推原情由，详细讯问，审慎地使用刑罚，且不因官长的意志而改变，这当是遵循父亲遗训的结果啊！

王曙在西京任上不过两月有余，便迁枢密使，临行前，他郑重地对欧阳修说："朝廷最近有新的法令，大臣可以举荐德才兼

备的人应试学士院。待我回京后，一定举荐你。"王曙回京后，果然践行前言。

景祐元年春，诗名远播的梅尧臣落榜了。得知这一消息，欧阳修作了《赠梅圣俞 时闻败举》一诗安慰好友：

> 黄鹄刷金衣，自言能远飞。
> 择侣异栖息，终年修羽仪。
> 朝下玉池饮，暮宿霜桐枝。
> 徘徊且垂翼，会有秋风时。

此诗将圣俞比作传说中志趣高远，非醴泉不饮，非梧桐不栖的神鸟，终有翱翔长空的机会。但是，在写给谢绛的书信中，欧阳修却难掩愤愤不平之意：

> 某顿首再拜兵部学士三丈。久以多故少便，不果拜状。春喧，尊候万福。省榜至，独遗圣俞，岂胜嗟惋。任适、吕澄，可过人邪？堪怪。圣俞失此虚名，虽不害为才士，奈何平昔胜游之间有以处下者，今反得之，睹此何由不痛恨？欲作一书与胥亲及李舍人、宋学士论理之，又恐自有失误，不欲轻发。不尔，何故见遗？可骇可恨。由是而较，科场果得士乎？登进士第者果可贵乎？日日与师鲁相对，惊叹不已。伏承殿试考校，今必已了。某替人犹未至。拜见未间，伏惟保重。因人，谨附状。不宣。（《与谢舍人二通》其一，《欧阳修全集》卷一百五十）

圣俞的科考失第，令欧阳修与尹师鲁为之扼腕叹息，他们的心情可以说是"可骇可恨"、"惊叹不已"。痛惜的主要原因在于，文名不如圣俞者尚且榜上有名。如果连圣俞这样才华超凡的文士都落榜的话，不由得让人质疑科举的合理性和可靠性。

这一次的科考失利，对梅圣俞的打击很大。此时他已三十二岁，"累举进士，辄抑于有司"的经历，令他身心俱疲，无心科考。此后，他再也没有参加过科考，直到五十岁那年，宋仁宗赐其进士出身。这样一位有着超凡的文学才华的文人，在一个重视科举的时代，科考无望，终身沉沦下僚，穷困潦倒。

这一年的三月，欧阳修西京留守推官秩满，怀着无限留恋之情离开了洛阳。洛阳三年，可说是欧阳修一生中最为快意的三年，这里，他结识了一批良友与文学同道，游山玩水、切磋诗文，文名冠天下，奠定了他文学创作的坚实基础。另外，在这期间，欧阳修也深入社会，关注现实，关心民生疾苦，为其参与政治改革做好了充分的准备。

(二) 从政前期

1. 因言得罪

景祐元年（1034）五月，欧阳修回京复命。由王曙举荐获得了召试学士院的机会。欧阳修一举通过，于闰六月，授宣德郎、试大理评事兼监察御史、充镇南军节度掌书记、馆阁校勘。馆阁校勘的职责在于校核、整理史馆、昭文馆、集贤院、秘阁所藏皇家图书典籍。欧阳修负责的具体任务是仿效唐开元四部（经、史、子、集）

预修详细书目。如果清楚馆阁在宋代的地位就会知道欧阳修之入馆阁于他的政治与学术生涯而言，是一件意义重大的事情。宋代的馆阁是育才之地。宋太宗即位之初，即建三馆与秘阁，招延天下贤良文学之士，馆阁里汇聚了丰富的书籍，士人们不担吏责，唯以读书为务，因此，宋代馆阁是培育高等人才的摇篮，这些人视野开阔、博通古今，讲习议论，探讨治国安邦的良策，是国家高级治理人才的储备库。欧阳修曾指出馆阁人才的活动与作用：

> 伏以国家悉聚天下之书，上自文籍之初，六经、传记、百家之说，翰林、子墨之文章，下至医卜、禁祝、神仙、黄老、浮图、异域之言，靡所不有，号为书林。又择聪明俊义之臣以游其间，因其校雠，得以考阅，使知天地事物，古今治乱，九州四海幽荒隐怪之说，无所不通，名曰学士。一日天子阙左右之人，思宏博之彦，出赞明命，入承顾问，遂登宰辅，以釐百工，一有取焉，多从此出。所以平居优游，崇奖其业，馆以禁署，食于太宫。《诗·菁莪》之育人材，《易》鼎饪之养贤者，凡在兹选，得非茂欤？
> ——《上执政谢馆职启》（《欧阳修全集》卷九十五）

馆阁也确实为宋代政坛输出了很多杰出人才，在国家的政治生活中发挥了极大的作用：

> 臣窃以馆阁之职，号为育材之地。今两府阙人，则必取于两制，两制阙人，则必取于馆阁。然则馆阁，辅

相养材之地也。材既难得而又难知，故当博采广求而多畜之，时冀一得于其间，则杰然而出为名臣矣。其余中人以上，优游养育以奖成之，亦不失为佳士也。自祖宗以来，所用两府大臣多矣，其间名臣贤相出于馆阁者，十常八九也。祖宗用人，初若不精，然所采既广，故所得亦多也。是以有文章，有学问，有材有行，或精于一艺，或长于一事者，莫不蓄之馆阁而奖养之。其杰然而出者，皆为贤辅相矣。其余不至辅相而为一时之名臣者，亦不可胜数也。先朝循用祖宗之旧制，收拾养育，得人尤多。自陛下即位以来，所用两府之臣一十三人，而八人出于馆阁，此其验也。

——《又论馆阁取士札子》（《欧阳修全集》卷一百一十四）

欧阳修身在馆阁，对馆阁的情况、与在朝政中的作用有着切身的了解，因此，他十分重视馆阁对人才的培养。如果说，欧阳修在洛阳与尹师鲁、梅圣俞等人的交往提升了他的诗歌与古文创作，使他"文名冠天下"的话，那么，欧阳修在馆阁的供职，则促成了他在学问上的进步，也是他在仕途之路上迈上的新台阶。

景祐二年（1035），欧阳修在家庭生活中屡遭不幸：七月，妹夫张龟正死于襄城，欧阳修请假前往吊唁，带着妹妹和妹夫与前妻所生之女回来。九月，续弦夫人杨氏病故，年方十八。这些不幸遭遇带给欧阳修身心巨大的打击：

昔年洛浦见花落，曾作悲歌歌落花。

愁来欲遣何可奈？时向金河寻杜家。
杜家花虽非绝品，犹可开颜为之饮。
少年意气易成欢，醉不还家伴花寝。
一来京国两伤春，憔悴穷愁九陌尘。
红房紫萼处处有，骑马欲寻无故人。
黄河三月入隋河，河水多时怅望多。
为怜此水来何处，中有伊流与洛波。
忽闻君至自西京，洗眼相看眼暂明。
心衰面老畏人问，惊我瘦骨清如冰。
今年七月妹丧夫，稚儿孺女啼呱呱。
季秋九月予丧妇，十月厌厌成病躯。
端居移病新城下，日不出门无过者。
独行时欲强高歌，一曲未终双涕洒。
可怜明月与春风，岁岁年年事不同。
暂别已嗟非旧态，再来应是作衰翁。
感时惜别情无已，无酒送君空有泪。
西归必有问君人，为道别来今若此。

——《送张屯田归洛歌》（《欧阳修全集》卷五十二）

因见到自洛阳来到京城的张屯田，引发了欧阳修对洛阳意气风发的生活的无限追忆，那时年少见落花而生悲愁，可是那样的愁怀极易排遣。自来京师已两度伤春，即便见到黄河水，也因其中有伊水和洛波而益觉可爱。别后才两年，而自己却已"心衰面老"、"瘦骨清如冰"，只因家中频遭变故，"七月妹丧夫"、"九月予丧妇"，这样的打击，让欧阳修厌厌生病，虽强自为欢，却

"一曲未终双涕洒",这样的切骨伤痛再不像落花生悲那样容易排遣了。"可怜明月与春风,岁岁年年事不同",虽是相似的春风明月的日子,却因遭遇的不同而不同。在这样的心境下,欧阳修对未来并不抱持乐观的态度,因此写出"暂别已嗟非旧态,再来应是作衰翁"。这首诗是欧阳修频遭变故的生活中痛苦心境的真实写照,对洛阳幸福生活的追忆,更映衬了眼下生活的痛苦难遣。

在馆阁时期,欧阳修依然密切关注现实,尤其对朝廷的用人政策建言去弊,开始表现出他守正刚直、直言无忌的政治品格。先是因石介罢官事,发表自己的看法。

石介(1005—1045),字守道,兖州奉符(今山东泰安)人,曾讲学于家乡徂徕山,人称徂徕先生。经中丞杜衍的推荐,于景祐二年冬,御史台辟石介为主簿。十一月,仁宗郊礼圜丘,诏令大赦,起用五代十国后裔。其时,石介尚未就职,便上书反对,此举激怒了仁宗,弃而不召。对于此事,朝中大臣都认为石介地位低微,竟对皇帝已行之事妄加谏阻,唯欧阳修听说此事后,甚为不平。对石介的荐举者杜衍,屈从皇帝意旨,不为石介辩护,深为不满,于是给杜衍写了一封书信:

> 具官修谨斋沐拜书中丞执事。修前伏见举南京留守推官石介为主簿,近者闻介以上书论赦被罢,而台中因举他吏代介者。主簿于台职最卑,介,一贱士也,用不用当否,未足害政,然可惜者,中丞之举动也。
>
> 介为人刚果有气节,力学,喜辩是非,真好义之士也。始执事举其材,议者咸曰知人之明,今闻其罢,皆谓赦乃天子已行之令,非疏贱当有说,以此罪介,曰当

罢。修独以为不然。然不知介果指何事而言也？传者皆云介之所论，谓朱梁、刘汉不当求其后裔尔。若止此一事，则介不为过也。然又不知执事以介为是为非也？若随以为非，是大不可也。且主簿于台中，非言事之官，然大抵居台中者，必以正直、刚明、不畏避为称职。今介足未履台门之阈，而已因事见罢，真可谓正直、刚明、不畏避矣。度介之才，不止为主簿，直可任御史也。是执事有知人之明，而介不负执事之知矣。

修尝闻长老说，赵中令相太祖皇帝也，尝为某事择官，中令列二臣姓名以进，太祖不肯用。他日又问，复以进，又不用。他日又问，复以进，太祖大怒，裂其奏，掷殿阶上，中令色不动，插笏带间，徐拾碎纸袖归中书。他日又问，则补缀之复以进，太祖大悟，终用二臣者。彼之敢尔者，盖先审知其人之可用，然后果而不可易也。今执事之举介也，亦先审知其可举邪？是偶举之也？若知而举，则不可遽止。若偶举之，犹宜一请介之所言，辩其是非而后已。若介虽忤上，而言是也，当助以辩。若其言非也，犹宜曰所举者为主簿尔，非言事也，待为主簿不任职则可罢，请以此辞焉可也。

且中丞为天子司直之臣，上虽好之，其人不肖，则当弹而去之；上虽恶之，其人贤，则当举而申之。非谓随时好恶而高下者也。今备位之臣百十，邪者正者，其纠举止信于台臣。而执事始举介曰能，朝廷信而将用之，及以为不能，则亦曰不能。是执事自信犹不果，若遂言他事，何敢望天子之取信于执事哉？故曰主簿虽卑，介

虽贱士，其可惜者中丞之举动也。

况今斥介而他举，必亦择贤而举也。夫贤者固好辩，若举而入台，又有言，则又斥而他举乎？如此，则必得愚闇懦默者而后止也。伏惟他事如欲举愚者，则岂敢复云；若将举贤也，愿无易介而他取也。

今世之官，兼御史者例不与台事。故敢布狂言，窃献门下，伏惟幸察焉。

——《上杜中丞论举官书》（《欧阳修全集》卷四十七）

这封书信立意可谓巧妙。虽是为石介罢官一事而修书给杜衍，但在书信中却先明言："主簿于台职最卑，介，一贱士也，用不用当否，未足害政"，然后笔锋一转，道明本意为"然可惜者中丞之举动也"。表明自己并非为石介讨公道，而是为杜衍的举动所带来的消极影响担忧。围绕这一中心，先是说明石介之为人"刚果有气节，力学，喜辩是非，真好义之士也"，杜衍先前举荐石介，实有知人之明。而石介言事并罢，更说明介之"正直、刚明、不畏避"，其才"不止为主簿，直可任御史也"，更证明了杜衍有知人之明；又引太祖皇帝时，赵普举荐人才事说明"审知其人之可用，然后果而不可易也"来反衬当下杜衍之"自信犹不果"，以后若建言他事，恐怕也不敢指望天子会取信于他了。有理有据，再三重申"主簿虽卑，介虽贱士，其可惜者中丞之举动也。"书信末尾，自然而然地道出希望杜衍"若将举贤也，愿无易介而他取也。"的本意。

由这篇书信，欧阳修敢于为石介说话，就说明他对石介做法的认同，可以看出他对士大夫"言事"之风的看重，这带着一种强烈的士大夫的使命感。正是这样的使命感，贯穿欧阳修的整个

政治生涯，支撑他将个人的安危荣辱置之度外，敢于直言进谏。另外，这篇书信在章法技巧上也颇具匠心，委婉曲折之中又不失刚劲犀利、析理细密、逻辑透辟，有很强的说服力。这体现了欧阳修结撰之用心与为文技艺之纯熟。

为石介罢官事上书杜衍，因杜衍之宽宏大量，并没有给欧阳修带来祸端，那么接下来，因范仲淹被贬，而越职言事，写下千古传诵的《与高司谏书》，则使欧阳修因言获罪，遭逢平生第一次贬谪。

范仲淹于明道二年四月召为右司谏后，当年十二月就因言事触忤仁宗而出知睦州（今浙江建德），随后又移知苏州，后又应召入京，为礼部员外郎，天章阁待制。范仲淹回到朝廷后，经常与皇帝讲古今治乱之道，指摘朝政得失，这得罪了宰相吕夷简。吕夷简警告范仲淹少开口无效后，便命他权知开封府，想以烦冗的政务牵制范仲淹，使之无暇他议，再伺机将他调离京城。出乎吕夷简意料的是，才一个月的工夫，范仲淹"威断如神，吏缩手不敢舞其奸"，京师"肃然称治"。民间流传的歌谣唱道："朝廷无忧有范君，京师无事有希文。"吕夷简弄巧成拙，反而使范仲淹深得民望。范仲淹对吏治的腐败格外关注，鉴于官吏进用多出吕夷简私门，范仲淹就呈献了百官图，并当着仁宗皇帝的面，指着百官的升进次序说："如此为序迁，如此为不次；如此则公，如此则私。不可不察也。"并且着重指出："官人之法，人主当知其迟速、升降之序，其进退近臣不宜全委宰相。"这直接触及了吕夷简的利益，更令吕夷简怀恨在心。范仲淹代表了锐意改革的一派，努力要革除朝廷弊政；而吕夷简代表了因循守旧的一派。范、吕二人的冲突便是改革与守旧的冲突，这一场冲突终因仁宗迁都问题而激化。吕夷简利用仁宗征求他意见的机会，攻击范仲淹"迁

阔，务名无实"。而范仲淹并不甘示弱，再进四论：一、"帝王好尚"，二"选贤任能"，三、"近名"，四、"推委"，尤其最后一论，劝谏仁宗独揽大权，以妨宰相以权谋私。这显然刺中了吕夷简的要害。吕夷简恼羞成怒，在仁宗面前指责范仲淹"越职言事，荐引朋党，离间君臣"。范仲淹也不甘示弱，交章对诉，言辞激烈。最终皇帝衡量再三，将范仲淹贬知饶州。侍御史韩渎为讨好吕夷简，奏请将范仲淹"朋党"、"越职"等罪张榜朝堂，以警告百官不得越职言事。仁宗居然采纳了他的建议。

在这样的压力下，满朝官员因害怕受牵连，无人敢发表意见，但仍有一批士大夫以气节自励，敢于为即将离京的范仲淹饯行送别。天章阁待制李纮、集贤校理王质皆载酒前来为范仲淹饯行，王质还特意在范仲淹家住了几晚，畅谈国事。有人警告王质："一旦发生党锢之事，您就是第一个被治罪的人。"他回答："希文贤者，得为朋党幸矣。"秘书丞、集贤校理余靖也不顾禁令，上书论救："今坐刺讥大臣，重加谴谪，傥其言未协圣虑，在陛下听与不听尔，安可以为罪乎？"并指出："陛下自专政以来，三逐言事者，恐非太平之致也。请追改前命。"余靖因此被贬为监筠州酒税。接着太子中允、秘阁校勘尹洙也上疏皇帝称自己与范仲淹义兼师友，而且曾受到范仲淹举荐，情愿以朋党之名治罪。尹洙也因此落职，监郢州酒税。十天之内，范、余、尹三人皆因言获罪，可是以规谏朝政得失为职责的台谏们竟都一言不发。更有甚者，左司谏高若讷竟然在一次私人聚会上，当众非议范仲淹"狂言自取谴辱，岂得谓之非辜"。当时欧阳修刚好在场，碍于主人面子，不能尽情驳斥，聚会结束后，回到家里，铺墨展纸，写下了千古传诵的《与高司谏书》。

欧阳修

这篇书信慷慨陈词，将批判的矛头直指高若讷。开篇便讲自听闻高若讷之名到相识以来，十四年间，三度怀疑高若讷是否为真君子，今天终于"决知足下非君子也。"这是对高若讷人品的否定，笔锋不可谓不犀利。接着针对高若讷非议范仲淹事，认为"希文平生刚正，好学通古今，其立朝有本末，天下所共知，今又以言事触宰相得罪。"而高若讷身为谏官，不仅不发言辨明是非，还"随而诋之，以为当黜"，认为这是"智者文其过"的作法。高若讷实"君子之贼也"。接下来又针对范仲淹事，认为无论范仲淹贤与不贤，身为谏官的高若讷都失职：

>足下身为司谏，乃耳目之官，当其骤用时，何不一为天子辨其不贤，反默默无一语，待其自败，然后随而非之？若果贤邪，则今日天子与宰相以忤意逐贤人，足下不得不言。是则足下以希文为贤，亦不免责；以为不贤，亦不免责。大抵罪在默默尔。

欧阳修又借汉代杀萧望之与王章事来告诫高若讷，今人未必可欺，后世更不可欺的道理。欧阳修又言词激烈地指责高若讷在其位不谋其政：

>前日又闻御史台榜朝堂，戒百官不得越职言事，是可言者惟谏臣尔。若足下又遂不言，是天下无得言者也。足下在其位而不言，便当去之，无妨他人之堪其任者也。昨日安道贬官，师鲁待罪，足下犹能以面目见士大夫，出入朝中称谏官，是足下不复知人间有羞耻事尔！所可

惜者，圣朝有事，谏官不言，而使他人言之。书在史册，他日为朝廷羞者，足下也。

欧阳修也深知，他的这篇书信会激起高若讷怎样的反应，在信的末尾他也明言："若犹以谓希文不贤而当逐，则予今所言如此，乃是朋邪之人尔。愿足下直携此书于朝，使正予罪而诛之，使天下皆释然知希文之当逐，亦谏臣之一效也。"大义凛然、不避罪畏祸的气节跃然纸上。

高若讷读过书信，果如欧阳修所料，将信交给仁宗，并说欧阳修攻击天子以忤意逐贤人，惑乱众听。于是皇帝降旨，将欧阳修贬为夷陵（今湖北宜昌）县令。消息一出，舆论哗然。西京留守推官蔡襄斗胆创作了一首《四贤一不肖诗》，赞许范仲淹、余靖、尹洙、欧阳修为贤者，高若讷为不肖者。京师人士竞相传诵，"布在都下，人争传写，鬻书者市之，颇获厚利"。就连契丹使者也买下诗的抄本。后来有人看到幽州驿舍的墙壁上张贴着这部诗稿。可见，对范仲淹之流同情者居多，人心向背，由此可见。

从《与高司谏书》的言辞来看，欧阳修是抱着飞蛾扑火不畏惧承担一切后果的勇气写作的。那么，他这么做的意图是什么呢？又激起了怎样的反应呢？对此，欧阳修在给尹师鲁的书信中剖白心曲：

师鲁简中言，疑修有自疑之意者，非他，盖惧责人太深以取直尔，今而思之，自决不复疑也。然师鲁又云暗于朋友，此似未知修心。当与高书时，盖已知其非君子，发于极愤而切责之，非以朋友待之也，其所为何足

惊骇？路中来，颇有人以罪出不测见吊者，此皆不知修心也。师鲁又云非忘亲，此又非也。得罪免死，不为忘亲，此事须相见，可尽其说也。五六十年来，天生此辈，沉默畏慎，布在世间，相师成风。忽见吾辈作此事，下至灶间老婢，亦相惊怪，交口议之。不知此事古人日日有也，但问所言当否而已。又有深相赏叹者，此亦是不惯见事人也。可嗟世人不见如往时事久矣！往时砧斧鼎镬，皆是烹斩人之物，然士有死不失义，则趋而就之，与几席枕藉之无异。有义君子在傍，见有就死，知其当然，亦不甚叹赏也。史册所以书之者，盖特欲警后世愚懦者，使知事有当然而不得避尔，非以为奇事而诧人也。幸今世用刑至仁慈，无此物，使有而一人就之，不知作何等怪骇也。然吾辈亦自当绝口，不可及前事也。居闲僻处，日知进道而已，此事不须言，然师鲁以修有自疑之言，要知修处之如何，故略道也。

——《与尹师鲁第一书》（《欧阳修全集》卷六十九）

欧阳修上高司谏书的行为激起了轩然大波，他被贬后也有很多亲朋故友前来慰问，他们或同情，或诧异，或叹赏，但都没有真正理解欧阳修的本意与用心，就连同因范仲淹事而被贬的尹师鲁也未能真正理解欧阳修。针对尹师鲁"疑修有自疑之意"、"暗于朋友"，欧阳修给尹师鲁写了封书信，表明自己并非"责人太深"，来沽名钓誉；在写信时已知高若讷非君子，并未以朋友待之，所以才会发语激愤。那么欧阳修的真正用意是什么呢？他用自己的行为维护着道义，甚至到了不惜生命的程度，而这在古人

是常见的行为,君子见了,也视之为平常,不会惊诧,也不会赞赏。而今世人之所以诧异的原因在于"五六十年来","沉默畏慎"已"相师成风",因此,有人做出赴汤蹈火的行为,众人便要惊诧了。正是因为有这种知险而犯的决绝,所以因言获罪便是意料中的事,决不是"罪出不测",因此,即使到了偏僻的贬所,所能做的便是"日知进道而已"。这不仅是勉励朋友之语,也是欧阳修被贬期间所着重者。

欧阳修携着家眷,前往夷陵,在台吏催迫下,遑迫上路了。因暑热又无马,选择水路,"沿汴绝淮,泛大江,凡五千里,用一百一十程",才到了贬所。欧阳修曾形容其途中之艰辛,载着老母寡妹,"浮五千五百之江湖,冒大热而履深险,一有风波之危,则叫号神明,以乞须臾之命"。(《回丁判官书》)在旅途中,也想像着自己以罪人的身份来到夷陵,"夷陵之官相与语于府,吏相与语于家,民相与语于道,皆曰罪人来矣。凡夷陵之人莫不恶之,而不欲入其邦,若鲁国之恶郑詹来者"。也设想着到达贬所后,将"折身下首以事上官,吏人连呼姓名,喝出使拜,起则趋而走,设有大会,则坐之壁下,使与州校役人为等伍,得一食,未撤俎而先走出。上官遇之,喜怒诃诘,常敛手慄股以伺颜色,冀一语之温和不可得。所以困辱之如此者,亦欲其能自悔咎而改为善也。""惟困辱之是期"的欧阳修到了夷陵后,却"独蒙加以厚礼",先是收到峡州军事判官丁宝臣的来信,"言文意勤",令欧阳修出乎意料之外,"不胜甚喜"。等到了夷陵,峡州知事朱庆基又率领众僚属在远郊迎接。如此礼遇,使欧阳修"遂无逐臣之色"。

夷陵,春秋时代为楚的西境,称为"蛮荆",远离中原文化,地处偏僻,交通不便,从陆路进京,"走荆门、襄阳至京师,二

十有八驿"；从水路进京，有五千五百九十里的路程。"民俗俭陋"，封闭、落后，"州居无郭郛，通衢不能容车马，市无百货之列，而鲍鱼之肆不可入，虽邦君之过市，必常下乘，掩鼻以疾趋。而民之列处，灶、廪、匽、井无异位，一室之间上父子而下畜豕。其覆皆用茅竹，故岁常火灾，而俗信鬼神，其相传曰作瓦屋者不利。"夷陵的街道无整齐规划，居民的处所卫生条件极差，人畜杂居，用茅草覆盖屋顶，又极易引起火灾。经过朱庆基的一番治理，面貌与习俗有所改变："始树木，增城栅，甓南北之街，作市门市区。又教民为瓦屋，别灶廪，异人畜，以变其俗。"

朱庆基还特意在县舍东面为欧阳修建了一座"疏洁高明"的堂屋，使其"日居之以休其心"，欧阳修特意写了《夷陵县至喜堂记》，藏之于壁，记载了夷陵"风俗变化之善恶"，还有对朱应基的感激之情。

虽然夷陵偏僻俭陋，文化落后，但是对于"不以贬谪为怀"的欧阳修而言，夷陵生活也有足慰人处：有顶头上司的关心照拂；还有与欧阳修过从甚密的丁宝臣、朱处仁和何参等人的交游讲论；另外，夷陵的江山名胜，都给欧阳修的贬谪生活平添了无穷乐趣。

在夷陵，欧阳修勤于职守，闲暇之时，无书可读，便翻阅陈年公案，反复阅读竟发现"枉直乘错，不可胜数"。这里虽是小县，可是争讼很多，而且田契不明，吏曹不识字，所以制度建设都需要官长亲历亲为。这也使欧阳修由夷陵政事之弊想到整个天下"固可知矣"，改革吏治对于国计民生来说就显得非常必要。他意识到了"大抵文学止于润身，政事可以及物"，正是作为士大夫修身、齐家、治国、平天下的强烈的使命感，使他将关注点由"道德文章"转向了"多教人吏事"。

夷陵虽偏僻，但江山之胜足以愉人。欧阳修在《寄梅圣俞》诗里说："惟有山川为胜绝，寄人堪作画图夸。"欧阳修与友人游览这些山川，并作诗以纪游，如《夷陵九咏》：《三游洞》《下牢溪》《蝦蟆碚》《劳亭驿》《龙溪》《黄溪夜泊》《黄牛峡祠》《松门》和《下牢津》。其中《黄溪夜泊》一诗可见作者情怀：

楚人自古登临恨，暂到愁肠已九回。
万树苍烟三峡暗，满川明月一猿哀。
殊乡况复惊残岁，慰客偏宜把酒杯。
行见江山且吟咏，不因迁谪岂能来。

这首诗写作者夜泊黄溪的愁思和感慨。首联的"恨"和"愁"二字，已奠定了全诗的基调。中间两联即事抒怀，由眼前所见的苍茫暮色及耳中听闻的月夜猿鸣，异乡残岁，举杯销愁，将作者忠而被贬，落泊寂寞的处境渲染无余。妙的是最后一联，笔锋一转，故作旷达语，体现了作者的达观豪迈之气。欧阳修在夷陵时期的心境，当如这首诗所述，在边远小县闭塞生活中，伤感中不乏乐观，旷达之中又有着淡淡的哀愁。如《春日西湖寄谢法曹歌》中云："少年把酒逢春色，今日逢春头已白。异乡物态与人殊，惟有东风旧相识。"这一时期的诗作中，也不乏乐观的，如《戏答元珍》：

春风疑不到天涯，二月山城未见花。
残雪压枝犹有橘，冻雷惊笋欲抽芽。
夜闻归雁生乡思，病入新年感物华。

欧阳修

曾是洛阳花下客，野芳虽晚不须嗟。

这首诗喻意颇深，从"未见花"的日常小事，引发了人生乃至政治上的感慨。从字面意义上看，讲夷陵春天的迟来，二月还不见花开。可是春风未到，万物勃勃的生机却是难以抑制的。对于迁客而言，夜闻归雁引发了思乡之情，病入新年更易感慨时光的流逝和人生的短暂。在洛阳时已看过名花，山城的野花开的再晚也无须嗟叹了。从深层意义来看，这里的"春风"与"花"寄喻着君臣之间的关系，春风的不到天涯，喻示着君恩对臣民的疏离。这样"不须嗟"之中便充满了无奈和凄凉。这首诗含蓄委婉，寄托颇深，又深得"怨而不怒"的诗人之旨。对于首二句，欧阳修本人也十分得意，他曾对人说："若无下句，则上句不见佳处，并读之，便觉精神顿出。"后人也说他"起得超妙"。

欧阳修还作了一篇托物喻志的《黄杨树子赋》（《欧阳修全集》卷十五）：

夷陵山谷间多黄杨树子，江行过绝险处，时时从舟中望见之，郁郁山际，有可爱之色。独念此树生穷僻，不得依君子封殖备爱赏，而樵夫野老又不知甚惜，作小赋以歌之。

若夫汉武之宫，丛生五柞；景阳之井，对植双桐。高秋羽猎之骑，半夜严妆之钟，凤盖朝拂，银床暮空。固已葳蕤近日，的皪含风，婆娑万户之侧，生长深宫之中。

岂知绿藓青苔，苍崖翠壁，枝蓊郁以含雾，根屈盘

而带石。落落非松,亭亭似柏,上临千仞之盘薄,下有惊湍之溃激。涧断无路,林高暝色,偏依最险之处,独立无人之迹。江已转而犹见,峰渐回而稍隔。嗟乎!日薄云昏,烟霏露滴,负劲节以谁赏,抱孤心而谁识?徒以窦穴风吹,阴崖雪积,哔山鸟之嘲哳,裊惊猿之寂历。无游女兮长攀,有行人兮暂息。节既晚而愈茂,岁已寒而不易。乃知张骞一见,须移海上之根;陆凯如逢,堪寄陇头之客。

夷陵位于三峡出口处,形势险要,沿岸绝险处,黄杨树郁郁葱葱,十分可爱。欧阳修念及此树不为君子所赏,亦不为樵夫野老所爱惜,所以作为此赋,赞美黄杨树"节既晚而愈茂,岁已寒而不易"的品格。黄杨树生长在"最险之处""无人之迹",于黄杨树欧阳修见出了"负劲节以谁赏"、"抱孤心而谁识"的孤高劲节,这也是欧阳修自身人格的写照。虽然被贬夷陵,地僻俗陋,但其孤高顽强的品格却愈见挺拔,就如同黄杨树一样。因此,"节既晚而愈茂,岁已寒而不易",既是欧阳修对黄杨树的赞美,也是他的砥节自励。这种托物喻志的传统从屈原的《橘颂》便已开始。

在夷陵一年多的期间,欧阳修的文学创作与学问都有了精进。在文学方面,创作了描述夷陵民情风俗、山川之胜与自己迁谪感的诗文作品四十余篇;在探索经旨方面,有《易童子问》《易或问》《春秋论》《春秋或问》《诗解》等作品,"务究大本","舍传求经","求圣人之意自立异论";在史学方面,根据《春秋》笔法编纂《五代史记》,"聊欲因此粗申其心,少希后世之名"。可见,对于初仕以来便居京洛的欧阳修而言,偏僻的夷陵使

他对百姓的民生疾苦有了更深刻的理解，也使他对朝廷吏治有了切身的体会，同时，也使他潜心静静地思考了为政与为学的走向。前人称："庐陵事业起夷陵，眼界原从阅历增"是颇有道理的。

景祐四年（1037）十二月，由仁宗皇帝谕示，令移近地，欧阳修由夷陵移光化军乾德令。宝元元年（1038）三月，欧阳修离开夷陵，来到乾德（今湖北老河口市）。乾德，距离京师稍近，因此，由夷陵调往乾德，虽同是做县令，但含有朝廷对欧他减轻处分之意。在乾德任上，最让欧阳修快意的事莫过于宝元二年（1039）年春天，谢绛与梅尧臣相约来到邓州与欧阳修相会。在邓州与乾德之间的清风镇三人会面了。他们一起"乘余闲、奉樽俎，泛览水竹，登临高明，欢然之适，无异京洛之旧"。所不同的是，"圣俞差老而修为穷人，主人（指谢绛）腰虽金鱼而鬓亦白矣。"这种他乡遇故知的喜悦之情难以言表，无奈公务在身，短暂的聚会之后又各奔前程。

这一年的六月，欧阳修得旧职，权武成军节度判官厅公事。十一月，谢绛病殁于邓州，年仅四十五岁。谢绛平生乐善好施，以至身死之日，家无余财。欧阳修赶到襄城协助梅尧臣为谢绛料理后事，两人不由得相对流泪："故馆哭知己，新年伤客心。相逢岂能饮，惟有涕沾襟。"

宝元三年（1040）春，欧阳修自襄城赴滑州任武成军节度判官。此时，宋与西夏之间拉开战幕，西部边庭告急。其时，夏竦知泾州，为泾原、秦凤安抚使唤；范雍知延州，为鄜延、环庆安抚使，其同经略夏州。两人均不是元昊的对手，终至与与西夏军的战争中，宋军大败。后仁宗起用韩琦为陕西安抚使，并于二月改元曰"康定"。并接受知谏院富弼的建议"尽除越职之禁"，

"悉许中外臣庶上封议朝廷得失"。在国家多难之际，重开言路，广纳贤才。

在这样的背景，韩琦斗胆向仁宗提出，让范仲淹接替范雍。几经周折，最终于五月，正式任命范仲淹为龙图阁直学士，并为陕西经略安抚副使，同管勾都部署司事，担负起对抗西夏的重任。范仲淹召欧阳修掌书记，可是，欧阳修辞而不就，在《答陕西安抚使范龙图辞辟命书》中写道：

> 不幸修无所能，徒以少喜文字，过为世俗见许，此岂足以当大君子之举哉？若夫参决军谋，经画财利，料敌制胜，在于幕府苟不乏人，则军书奏记一末事耳，有不待修而堪者矣。由此始敢以亲为辞。况今世人所谓四六者，非修所好，少为进士时不免作之，自及第，遂弃不复作。在西京佐三相幕府，于职当作，亦不为作，此师鲁所见。今废已久，惧无好辞以辱嘉命，此一端也。

欧阳修以母亲年老为由对掌书记一职辞而不就，只是表面的说辞，真正的原因在于笺奏一类官方文书要求用四六文体写作，而欧阳修自进士及第后，便弃而不作了，当年在西京幕府时期，"于职当作，亦不为作"。在《与梅圣俞书》中，他也曾说明个中缘由：

> 安抚见辟不行，非惟奉亲避嫌而已，从军常事，何害奉亲？朋党，盖当世俗见指，吾徒宁有党耶！直以见召掌笺奏，遂不去矣。

"奉亲避嫌"实为托辞，欧阳修辞而不作的真正原因是不愿做掌书记一职。当年范仲淹被贬时，他因上书高若讷而获罪，如今范仲淹重新起用，他并不想借势而起。正如苏辙在《欧阳修文忠公神道碑》中记载此事：

> 康定初，范公起为陕西经略招讨安抚使，辟公掌书记。公笑曰："吾论范公，岂以为利哉？同其退不同其进可也。"辞不就。

从中可见出欧阳修的为人境界，完全出于公心，而将个人利益置身度外，这种心襟与气魄非持"朋党"论之流所能理解。

这一年的六月，欧阳修应召回京，仍任馆阁校勘职务，继续编纂《崇文总目》。借朝廷广开言路之机，又递呈《通进司上书》，为增强宋朝军事防御能力献计献策。

2. 庆历新政

庆历元年（1041）十二月，《崇文总目》编纂成书，欧阳修改集贤校理。不久便崭露头角，获得宋祁的赏识。他在《授知制诰举欧阳修自代状》中对欧阳修称赏不已：

> 伏见太子中允、集贤校理欧阳修，志局沉正，学术淹该。栖迟怀宝，不诡所遇。措辞温雅，有汉唐余风。如得擢在禁垣，委之润色，必且粉泽王度，布于四方。观言责实，臣所不及。

虽然宋祁对欧阳修赞赏有加，但在吕夷简权倾朝野的情况下，欧阳修显然还不可能跻身制诰之列。

庆历二年五月，仁宗皇帝广开言路，令三馆臣僚上封言事及听请对，欧阳修又趁此机会递呈《准诏言事上书》，指出造成"人心怨于内，四夷攻于外"的内外交困的局势的原因在于"三弊"、"五事"，而解决的根本办法便是加强君主的权利："为人君者，以细务而责人，专大事而独断，此致治之要术也；纳一言而可用，虽众说下得以沮之，此力行之果断也。知此二者，天下无难治矣。"此时，欧阳修已经初步形成了关于政治、军事改革的一些想法和主张，后来，他所作的《论按察官吏札子》《论按察官吏第二状》《再论按察官吏状》《论军中选将札子》《言西边事宜第一状》等就是在此基础上深入思考的结果。

在吕夷简之流大行其道的朝堂上，敢于直言进谏的富弼也被派往契丹议和。欧阳修上书引颜真卿使李希烈事谏止，竟被吕夷简截留不报。眼见在京城无所作为，欧阳修请求外任。于这一年的九月，通判滑州（今属河南）。通判的职责有监察所在州府官员之权，这表明仁宗对欧阳修的信任。在此期间，形势发生了急遽的变化。由于朝廷对西夏连年用兵和对辽"屈己增币"，导致国库空虚，百姓负担极重。一些有识之士纷纷挺身而出，指摘时弊。先是太子中允、集贤校理、通判泰州尹洙指出当今的弊端有三："命令数更、恩宠过滥、赐予不节"。欧阳修也创作《为君难》上下篇，指出为君之难，"莫难于用人"。用人，既要"任之必专，信之必笃，然后能尽其材，而可共成事"；又不能"专任而信之，以失众心而敛国怨"。尹洙与欧阳修虽未明言，但都将矛头指向了

吕夷简。而孙沔则指名道姓控诉吕夷简"上惑圣明，下害生灵"，"虽尽南山之竹，不足书其罪也。"迫于舆论压力，仁宗皇帝利用吕夷简称病告退之机免去其宰相职务。

庆历三年，调整中枢，又增添了谏官编制，欧阳修还京师，转太常丞，与兵部员外郎王素并知谏院。接着以余靖为右正言，蔡襄为秘书丞，谏院阵容明显充实和加强了。欧阳修对谏官肩负的职责早有清醒的认识，自然责无旁贷地为缓解内忧外患的危机献计献策。欧阳修首先建议改革的便是吏治。他认为，当务之急应以择吏为先。虽然欧阳修言之在理，方法也切实可行，可是吕夷简三冠辅相，结党营私，盘根错节，积重难返，非一朝一夕可以改变。

四月，众望所归的韩琦、范仲淹被任命为枢密副使。可是，即将出任枢密使的却是守旧派人物夏竦。此人才术过人，好玩弄权术。消息发布之后，以欧阳修、蔡襄为首的台谏们，连上十一道奏疏，终于迫使皇帝收回成命，改任杜衍为枢密使，夏竦改任亳州知州。杜衍好荐引贤士，在朝野间享有盛誉，任枢密使是深孚众望。

朝廷的一系列人事变动，透露出锐意改革之风。朝野上下关心国家命运前途的一批士大夫们无不欢欣鼓舞。这时正在国子监担任直讲的石介抑制不住内心的激动，他说："这是千载难逢的盛事啊，我的职责就是歌功颂德，怎么能不做呢？"于是就仿效韩愈的《元和圣德颂》，写了首《庆历圣德诗》，称誉范仲淹、富弼等，指斥夏竦，措词激烈："众贤之进，如茅斯拔；大奸之去，如距斯脱"。夏竦当然对他恨之入骨。诗刚传出，孙复就说："子祸始于此矣！"范仲淹看到这首诗拍着大腿对韩琦说："大事将要坏在这个怪人手上了。"

范仲淹与韩琦政治经验丰富，他们深知政治改革是十分复杂、

艰巨的，牵一发而动全身，要以全局的眼光循序渐进地推动，而像石介这种意气用事，逞一时之快的做法很可能为步履维艰的改革之路设置障碍。

当然，欧阳修还不可能具备范、韩那样的阅历与眼光。他为朝廷的改革欢欣鼓舞，恪尽谏官职守：四月论罢夏竦，五月论罢凌景阳等三人的馆职之资，七月论罢翰林学士、知制诰苏绅，论罢参知政事王举正……一时之间，"人视之如仇"。欧阳修不计个人荣辱，只求做个称职的谏官，为朝廷建言除弊：

> 修今岁还京师，职在言责，值天下多事，常日夕汲汲，为明天子求人间利病。（《答徐无党第二书》）

仁宗皇帝对欧阳修的忠诚刚正、论事切直十分欣赏，曾深有感慨地对身边侍臣说："如欧阳修者，何处得来？"

庆历三年八月，范仲淹改任参知政事，富弼为枢密副使。仁宗皇帝急于稳固政局，一次又一次地向大臣们询问强国的方略。他两次赐给范仲淹亲笔书写的诏书，又于九月三日大开天章阁诏见两府大臣，让他们当场奏对，条陈己见，谋求强国之道。

对此，范仲淹诚惶诚恐，退回私第后，将多年来对国事的深入思考，写成《答手诏条陈十事》一文，提出了十大革新主张：一曰明黜陟；二曰抑侥幸；三曰精贡举；四曰择长官；五曰均公田；六曰厚农桑；七曰修武备；八曰覃恩信；九曰重命令；十曰减徭役。这十条涉及了官吏任用、科举才试制度、农业生产、水利设施、军备制度、减轻民力等方方面面，是这些年范仲淹从朝廷到地方、边关等从政实践中对朝廷和地方的弊端深入了解与思

考后的结晶。

与此同时,富弼也呈上了《安边十三策》和当务之急的十几条革新意见,韩琦先奏七事,又陈救弊八事。这些主张都是对范仲淹十大新政主张的补充。应该说实行新政的纲领性主张已经十分完备了。仁宗皇帝全部采用,于庆历三年十月开始,陆续以诏令形式统一颁行全国,付诸实施,庆历新政正式拉开帷幕。

从范仲淹、韩琦、富弼等人的主张来看,新政的核心是要整顿吏治。此前,欧阳修上的《论按察官吏札子》与《论按察官吏第二状》两个奏折,已经注意到了官吏冗滥的问题。因此,欧阳修对范仲淹等的改革主张是深表认同的。在整顿吏治的同时,人才选拔与培养的改革措施也提上了日程。宋朝人才选拔的主要途径是科举考试。但是这种考试方法不利于选拔有真才实学的人才。欧阳修在梅尧臣落第时已对这种选拔制度的可靠性发生质疑。不仅欧阳修,越来越多的有识之士都注意到了这一制度的弊端。在《答手诏条陈十事》中,范仲淹也指出:

> 国家乃专以辞赋取进士,以墨义取诸科,士皆舍大方而趋小道,虽济济盈庭,求有才有识者,十无一、二。

欧阳修也积极地参与到这场讨论中,在《论更改贡举事件札子》一文中,他指出贡举之法实行久了产生了很多弊端,于理也该变更了,但是要变更必须先找出"致弊之因"。欧阳修从"举子之弊"与"有司之弊"两个方面分析了产生弊端的原因:

> 今贡举之失者,患在有司取人先诗赋而后策论,使

学者不根经术，不本道理，但能诵诗赋，节抄《六帖》《初学记》之类者，便可剽盗偶俪，以应试格。而童年、新学、全不晓事之人，往往幸而中选。此举子之弊也。今为考官者，非不欲精较能否，务得贤材，而常恨不能如意，大半容于缪滥者，患在诗赋、策论通同杂考，人数既众而文卷又多，使考者心识劳而愈昏，是非纷而益惑，故于取舍往往失之者。此有司之弊也。（《欧阳修全集》卷一百四）

弄清了造成弊端的根源，变法的路数也就清晰了：

今之可变者，知先诗赋为举子之弊，则当重策论；知通考纷多为有司之弊，则当随场去留。而后可使学者不能滥选，考者不至疲劳。今若不改通考之法，而但更其试日之先后，则于革弊，未尽其方。

欧阳修针对造成贡举之弊的深层根源提出了解决的措施，并且强调两个措施不可偏废。欧阳修惟恐这样还不能将利害说清楚，又以二千人参试为例详细说明。

随后，仁宗皇帝下旨令欧阳修与宋祁、王拱辰、张方平等人，讨论科举改革方案，最终由欧阳修起草上奏《详定贡举条状》，从人才培养到人才选拔，提出一套切实可行的改革措施。从培养人才角度，主张各州县设立学校，使学子在本土接受教育，由州县官员考察其履行，推荐应试。在选拔人才方面，主张先试策论，引导学者留心于国家治乱；简化诗赋考试程式，使才识宏博者可

以驰骋才华；考问儒家经籍大义，使治经不专于记诵。这些建议均被采纳。庆历四年四月，朝廷发布了欧阳修起草的《颁贡举条制敕》，正式颁行新的科举考试条例，同时诏令天下州县皆立学校。从此，各类官私学校蓬勃发展，为有宋一代文化的繁荣发展起到了极大的推动作用。

庆历四年四月，仁宗皇帝派欧阳修出使河东，前往西北边境麟州（今陕西神木北）实地考察，以便最后决策麟州的废留问题。欧阳修经过反复调查研究，呈上《论麟州事宜札子》，从"辨众说、较存废、减寨卒、委土豪"四个方面陈述了自己的主张。在"辨众说"条，欧阳修逐一辨析了关于麟州问题的众多主张，认为废州与移州之说均不可取，减兵添堡之说也不得其要。在"较存废"条，欧阳修有理有据地说明麟州不可不存，但须有存之之术。接下来的"减寨卒"与"委土豪"便是欧阳修存麟州之术了。减寨卒可节省军费以纾民力；委土豪，可选"材勇独出一方，威名既著，敌所畏服，又能谙敌情伪"之本地人为知州，这样，他会"视州如家，系己休戚，其战自勇，其守自坚"，百姓也乐意依附。欧阳修还指出适合的人选："必用土豪，非王吉不可"。朝廷最终采纳了欧阳修的建议，麟州得以保留，每年可得粮食数百万斛。

就在欧阳修考察麟州时，以夏竦为首的守旧势力正在制造舆论，试图以"朋党"罪名给予改革派以沉重打击。一时之间，朝野之中有关朋党的议论甚嚣尘上，他们攻击改革者们"以国家爵禄为私惠，胶固朋党"。舆论之盛，连仁宗皇帝也不由得怀疑起来，一天，他问执政大臣们："我从来只听说小人结党营私，君子也结党吗？"范仲淹直言不讳地回答道："臣在边地带兵时发现，那些勇敢的士兵自然结成一党，而胆小的士兵也自然结成一

群。在朝廷里也有邪正各为一党。关键在于皇上的细心辨别！如果君子结朋做善事，于国家又有何害处呢？"

显然，守旧派的舆论影响已使得皇帝发生了动摇，所以才会在朝堂上大庭广众之下公然提出这个问题，守旧与革新两股势力的斗争已经公开地摆在皇帝面前了，而仁宗皇帝的动摇，也使得他的天平偏向了守旧势力的一边。

欧阳修得知这种情况，毫不退却，撰《朋党论》痛斥朋党之说，以解除仁宗心中的疑虑。现将此文录之如下：

臣闻朋党之说自古有之，惟幸人君辨其君子小人而已。大凡君子与君子以同道为朋，小人与小人以同利为朋，此自然之理也。然臣谓小人无朋，惟君子则有之，其故何哉？小人所好者禄利也，所贪者财货也。当其同利之时，暂相党引以为朋者，伪也。及其见利而争先，或利尽而交疏，则反相贼害，虽其兄弟亲戚不能相保。故臣谓小人无朋，其暂为朋者，伪也。君子则不然，所守者道义，所行者忠信，所惜者名节。以之修身，则同道而相益，以之事国，则同心而共济，终始如一，此君子之朋也。故为人君者，但当退小人之伪朋，用君子之真朋，则天下治矣。

尧之时，小人共工、讙兜等四人为一朋，君子八元、八凯十六人为一朋。舜佐尧退四凶小人之朋，而进元凯君子之朋，尧之天下大治。及舜自为天子，而皋、夔、稷、契等二十二人并列于朝，更相称美，更相推让，凡二十二人为一朋，而舜皆用之，天下亦大治。《书》曰：

欧阳修

"纣有臣亿万,惟亿万心;周有臣三千,惟一心。"纣之时,亿万人各异心,可谓不为朋矣,然纣以亡国。周武王之臣三千人为一大朋,而周用以兴。后汉献帝时,尽取天下名士囚禁之,目为党人。及黄巾贼起,汉室大乱,后方悔悟,尽解党人而释之,然已无救矣。唐之晚年,渐起朋党之论。及昭宗时,尽杀朝之名士,或投之黄河,曰此辈清流,可投浊流,而唐遂亡矣。

夫前世之主,能使人人异心不为朋,莫如纣;能禁绝善人为朋,莫如汉献帝;能诛谬清流之朋,莫如唐昭宗之世。然皆乱亡其国。更相称美推让而不自疑,莫如舜之二十二人,舜亦不疑而皆用之。然而后世不诮舜为二十二人朋党所欺,而称舜为聪明之圣者,以能辨君子与小人也。周武之世,举其国之臣三千人共为一朋,自古为朋之多且大莫如周。然周用此以兴者,善人虽多而不厌也。夫兴亡治乱之迹,为人君者可以鉴矣。

在《朋党论》的开篇,欧阳修开宗明义地指出朋党之说自古便有,关键在于人君要能明察君子之朋与小人之朋,紧接着阐释何为君子之朋,何为小人之朋。君子之朋与小人之朋的区别在于"君子以同道为朋","小人以同利为朋",因此,小人之朋暂以利相合,为伪。而君子以道义相持守,行忠信之道,爱惜名节。因此,君子之朋,于修身、于国家均有益。做人君的当退小人之朋,而用君子之朋。可见这篇文章的立义颇为高妙。当守旧派造为党论之时,若一味地非朋党,反而难以奏效,莫不如就"朋党"本身立义,申说其益处。当然,欧阳修以此立论与范仲淹回答仁宗

皇帝时的论点是一致的，也是对范仲淹之说的有力支撑。文章接下来列举历史上上至尧舜，下至唐昭宗有关朋党与国家兴废之间的故事，总结出能辨明君子之朋与小人之朋的君主往往能实现国家的长治久安，而不能区分者则导致灭亡的历史教训。

　　欧阳修的这篇《朋党论》可谓立意新颖，引证史实说理透辟，将解决问题的关键引向了皇帝本身，依然寄希望于皇帝的明察忠奸。可惜的是位为九五之尊的皇帝，在守旧派与革新派两派的舆论压力下，想要明辨是非又谈何容易呢！

　　夏竦等人一方面散布关于"朋党"的流言，一方面伺机报复石介。石介作《庆历圣德诗》将夏竦斥为大奸，夏竦怀恨在心，秘密布署，暗中派遣一位美貌的心腹女奴，混入石介家中，偷偷模仿石介的笔迹。学成之后，便涂改石介写给富弼的书信。又伪造了富弼授意石介起草的废立仁宗的诏书。据《续资治通鉴长编》卷一五〇记载：

　　　　先是石介奏记于弼，责以行伊周之事。夏竦怨介斥己，又欲因是倾弼等，乃使女奴阴习介书，久之习成，遂改伊周曰伊霍，而伪作介为弼撰废立诏。飞语上闻。帝虽不信，而仲淹、弼始恐惧，不敢自安于朝，皆请出按西北边，未许。适有边奏，仲淹固请行，乃使宣抚陕西、河东。

　　皇帝听闻此事后，虽不信，但是范仲淹与富弼在朝中不能自安，纷纷申请外任，皇帝先是派范仲淹宣抚陕西、河东，接着又派富弼宣抚河北。夏竦这一招蓄谋以久，也一举数得，既成功地

报复了石介，又对范仲淹、富弼等革新派人物予以打击。不久，欧阳修也被调任龙图阁直学士、河北都转运按察使。随着革新派的主力人物先后离开朝廷，庆历新政实际上已如昙花一现一样宣告终结。

虽然欧阳修被派外任，但是仁宗皇帝对耿直的欧阳修还是颇为不舍。欧阳修向皇帝辞行之日，皇帝当面对欧阳修说："勿为久留计，有所欲言，言之。"欧阳修回答："臣在谏职得论事，今越职而言，罪也。"皇帝说："第言之，无以中外为间。"这一番对话颇耐人寻味。仁宗皇帝对欧阳修心向朝廷论事切直的品格当是确定不疑的，将欧阳修派往外任，当是迫于形势压力的权宜之计。

政局进一步朝着有利于守旧派的方向发展。庆历四年九月，宰相晏殊出知颍州。杜衍任宰相枢密副使，同时被任命为枢命使的贾昌朝与参知政事陈执中，虽遭到谏官们的反对，但仍得以任命。十月，蔡襄出知福州，孙甫出使契丹，石介通判濮州。朝中只有杜衍一人支撑着新政的大局。守旧派的下一个目标便是要扳倒杜衍了。终于他们将目光瞄向了杜衍的女婿苏舜钦。进奏院祠神之后全院官吏聚餐，李定因被拒绝参加而怀恨在心，于是将苏舜钦以卖废纸公钱大宴宾客、王益柔醉后作《傲歌》亵渎圣人等事告知御史中丞王拱辰。王拱辰一向与范仲淹等人政见不合，便借此机会动摇杜衍、范仲淹的地位，以阻挠新政。仁宗听信谗言，将此事交给开封府，连夜派宦官将参加宴会的人全部拘捕入狱。在韩琦等人的斡旋下，王益柔免于一死，但被贬为复州监税；苏舜钦以盗用公钱论罪，除名勒停，削吏为民。参与宴会的十余名知名人士也受到贬谪。苏舜钦携带妻子前往苏州，临行前他写了

一封长信给正在河北转运使任上的欧阳修，辩白冤诬。欧阳修无限愤懑，可又无能为力。事隔十余年，苏舜钦死后，欧阳修在为其所作的墓志铭中，对此事件及其恶果作了如下分析：

> 天子奋然用三四大臣，欲尽革众弊以纾民。于是时，范文正公下今富丞相多所设施，而小人不便。顾人主方信用，思有以撼动，未得其根。以君文正公之所荐而宰相杜公婿也，乃以事中君，坐监进奏院祠神用市故纸钱会客为自盗除名。君名重天下，所会客皆一时贤俊，悉坐贬逐。然后中君者喜曰："吾一举网尽之矣。"其后三四大臣继罢去，天下事卒不复施为。

这一事件果然动摇了新政的根基。"进奏院事件"后，守旧派纷纷占据要职，杜衍无法发挥作用，屡次请求罢去相职，仁宗没有同意。守旧派依然穷追不舍，继续发起进攻，在他们的舆论包围下，仁宗皇帝不免偏听偏信。庆历五年正月，范仲淹罢参知政事，知邠州，兼陕西四路缘边安抚使；富弼罢枢密副使，知郓州，兼京东西路安抚使；杜衍罢为尚书左丞知兖州。随着他们的罢黜，新政措施也陆续遭到废止。此时欧阳修虽在暂代理知成德军的任上，听闻此消息后，上《论杜衍范仲淹等罢政事状》陈述己见。欧阳修开篇便指出，"士不忘身不为忠，言不逆耳不为谏"，表明自己之所以敢于犯颜进谏是出于对君主的一片忠诚。接着对范仲淹被罢之事陈述己见：

> 臣伏见杜衍、韩琦、范仲淹、富弼等，皆是陛下素

所委任之臣，一旦相继罢黜，天下之士皆素知其可用之贤，而不闻其可罢之罪。臣虽供职在外，事不尽知，然臣窃见自古小人谗害忠贤，其说不远。欲广陷良善，则不过指为朋党；欲动摇大臣，则必须诬以专权。其故何哉？夫去一善人而众善人尚在，则未为小人之利；欲尽去之，则善人少过，难为一二求瑕；惟有指以为朋，则可一时尽逐。至如大臣已被知遇而蒙信任，则难以他事动摇，惟有专权，是上之所恶，故须此说，方可倾之。臣料衍等四人各无大过，而一时尽逐，弼与仲淹委任尤深，而忽遭离间，必有以朋党、专权之说上惑圣聪。臣请试辨之。

欧阳修认为自古小人谗害忠良惯用的伎俩便是罗织"朋党"与"专权"两项罪名，并分析之所以惯用这两项招数的原因在于：一旦指为朋党，"则可一时尽逐"。并由此断定杜衍、范仲淹等人被罢也是由于小人用这两项罪名"上惑圣聪"的结果。接下来便分别就杜、范、韩、富四人的人品和入主中枢期间的作为来审视他们并未结为朋党，亦无专权之实，又结合当下宋王朝内忧外患的处境，劝谏皇上明辨是非，不为奸邪小人的谗言所惑。此数人一旦罢去，将会使"群邪相贺于内，四夷相贺于外"，为国家带来损失。这篇奏疏结尾处，欧阳修再一次表明："今群邪争进谗巧，而正士继去朝廷，乃臣忘身报国之时，岂可缄言而避罪？"此时的欧阳修完全将个人安危荣辱置身度外，为了新政做最后一博，然而此举并没有令仁宗皇帝改变初衷，反倒令守旧派对其恨之入骨，这一次守旧派将攻击的矛头对准了欧阳修。

正当守旧派网罗欧阳修罪名时,恰好欧阳修妹夫张龟正前妻所生的女儿失行系狱。守旧派趁此机会将脏水泼向欧阳修。景祐二年(1035)七月,欧阳修的妹夫病殁于襄城。欧阳修的妹妹将丈夫前妻所生的七岁孤女带回欧阳修家。待其长大成人后,嫁与欧阳修远在千里之外的族侄欧阳晟。欧阳晟罢虔州(今江西赣州)司户,携家眷回京等待新的任命。在旅途之中,其妻与随行的一名男仆私通,事情败露后,欧阳晟将二人交由开封府右军巡院发落。此事与欧阳修毫无关系,但是开封府尹杨日严曾因贪污渎职遭欧阳修弹劾,一直怀恨在心,便借此机会将案情复杂化,牵涉欧阳修。参与审案的军巡判官孙揆认为这是捕风捉影。然而,当朝宰相贾昌朝、陈执中得知此事后,欲借此以泄私愤。于是授意谏官钱明逸上书弹劾欧阳修与甥女张氏通奸,并图谋侵占财产。

仁宗闻知,大为震怒,诏令太常博士、三司户部判官苏安世重审此案,又派内侍供奉官王昭明为监勘官。经过反复勘问,欧阳修与甥女通奸的指控并无实证,难以定案。苏安世深知宰相意图,欲迎合宰相之意草草结案,可是王昭明正色说:"我在皇帝左右随侍,三天两头便念叨欧阳修。你现在这般草草结案是迎合宰相之意,欲加欧阳修以大罪。将来事实澄清了,我可是吃罪不起。"苏安世听后衡量利害得失,于是维持孙揆原判,只加入了欧阳修用张氏钱财买田而隶属其妹名下之事予以弹劾。此结果令贾昌朝等人十分恼火,但也无可奈何。

欧阳修虽然无罪,但是还是落得个罢免龙图阁直学士,罢都转运按察使,贬为滁州(今安徽滁县)知州的处分。已辨明无罪依然要行贬谪,个中缘由显然还是出于守旧派的攻击,对此欧阳修心里也十分清楚,他到滁州后上呈《滁州谢上表》中既对恶意

攻击进行辨白，同时也表达了对皇帝举措的理解：

> 伏念臣生而孤苦，少则贱贫。同母之亲，惟存一妹，丧厥夫而无托，携孤女以来归。张氏此时，生才七岁。臣愧无蓍龟前知之识，不能逆料其长大所为，在人情难弃于路隅，缘臣妹遂养于私室。方今公私嫁娶，皆行姑舅婚姻。况晟于臣宗，已隔再从；而张非己出，因谓无嫌。乃未及笄，遽令出适。然其既嫁五六年后，相去数千里间，不幸其人自为丑秽，臣之耳目不能接，思虑不能知。而言者及臣，诚为非意，以至究穷于资产，固已吹析于毫毛。若以攻臣之人，恶臣之甚，苟罹纤过，奚逭深文？盖荷圣明之主张，得免罗织之冤枉。然臣自蒙睿奖，尝列谏垣，论议多及于贵权，指目不胜于怨怒。若臣不身黜，则攻者不休，苟令谗巧之愈多，是速倾危于不保。必欲为臣明辩，莫若付于狱官；必欲措臣少安，莫若置之闲处。使其脱风波而远去，避陷阱之危机，虽臣善自为谋，所欲不过如此。斯盖尊号皇帝陛下，推天地之赐，廓日月之明，知臣幸逢主圣而敢危言，悯臣不顾身微而当众怒，始终爱惜，委曲保全。臣虽木石之心顽，实知君父之恩厚。敢不虔遵明训，上体宽仁，永坚不转之心，更励匪躬之节。

此篇表文对守旧派罗织的罪名一一进行了驳斥，说得合情合理，欲加之罪，何患无辞，既然欲陷欧阳修于有罪，即使纤细的罪过也会被夸大。不管出于真心，还是无奈，欧阳修还是将自己

的被贬，归结为仁宗皇帝对自己的爱护。所谓"必欲为臣明辩，莫若付于狱官；必欲措臣少安，莫若置之闲处"，把加于己身的耻辱与贬谪，全都从正面角度去理解。当然，谢表主要是言谢，每一仕宦的迁谪都要向皇帝表达感激。欧阳修这篇表文既符合了表文体制的要求，也将理由说得合情合理，使人信服。

欧阳修从景祐元年（1034）六月庆召入京，到庆历四年（1044）八月被贬滁州，十年之间，八次迁官，正如他在《自勉》诗中所言：

引水浇花不厌勤，便须已有镇阳春。
官居处处如邮传，谁得三年做主人。

虽然在每一个职务上的时间都不长，但他像辛勤的园丁一样兢兢职守，精心地照料着自己的田园。

九月，欧阳修由真定府启程，舟行渡黄河、泛汴水，赶赴任所。途中写有《自河北贬滁州初入汴河闻雁》诗：

阳城淀里新来雁，趁伴南飞逐越船。
野岸柳黄霜正白，五更惊破客愁眠。

在萧索落寞的深秋时节，伴随着南飞大雁的阵阵哀鸣，赶赴任所，其难以言表的怅惘心情可想而知。

作于庆历五年《镇阳读书》诗中，欧阳修对自己的为官与治学进行了反思：

春深夜苦短，灯冷焰不长。尘蠹文字细，病眸涩无光。坐久百骸倦，中遭群虑戕。寻前顾后失，得一念十忘。乃知学在少，老大不可强。废书谁与语，叹息自悲伤。……嗟我一何愚，贪得不自量。平生事笔砚，自可娱文章。开口揽时事，论议争煌煌。退之尝有云，名声暂膻香。误蒙天子知，侍从列班行。官荣日已宠，事业暗不彰。器小以任大，跻颠理之常。圣君虽不诛，在汝岂自遑。不能虽欲止，恍若失其方。却欲寻旧学，旧学已榛荒。有类邯郸步，两失皆茫茫。便欲乞身去，君恩厚须偿。又欲求一州，俸钱买归装。譬如归巢鸟，将栖少徊翔。自觉诚未晚，收愚老缣缃。

经历庆历新政的失败，此时的欧阳修对为官一途已心灰意冷，退意萌生。转向读书为学一路，又因年龄渐长，病目无光、志思不纯而叹息悲伤，虽然"旧学已榛荒"，但也惟此一途方可安顿心灵了。

3. 醉翁之意

庆历五年（1045）十月，欧阳修抵达滁州贬所，至庆历八年（1048）春，欧阳修徙知扬州，在滁州为政两年有余。滁州，介于江淮之间，属淮南东路，地僻事简，"舟车商贾、四方宾客之所不至"，是一个相对封闭的所在，百姓过着自给自足的闲适生活。欧阳修在滁州为政践行了他早年提出的"务大体，简细事"的主张，顺应民情习俗，决不苛扰百姓，很快便初见成效。

欧阳修在滁宽简爱民，还经常与民共游同乐。作于庆历六年

的《丰乐亭记》与《醉翁亭记》可看出欧阳修与民同乐的情怀。先看《丰乐亭记》：

修既治滁之明年夏，始饮滁水而甘，问诸滁人，得于州南百步之远。其上丰山耸然而特立，下则幽谷窈然而深藏，中有清泉滃然而仰出。俯仰左右，顾而乐之。于是疏泉凿石，辟地以为亭，而与滁人往游于其间。

滁于五代干戈之际，用武之地也。昔太祖皇帝尝以周师破李景兵十五万于清流山下，生擒其将皇甫晖、姚凤于滁东门外，遂以平滁。修尝考其山川，按其图记，升高以望清流之关，欲求晖、凤就擒之所，而故老皆无在者。盖天下之平久矣。自唐失其政，海内分裂，豪杰并起而争，所在为敌国者，何可胜数！及宋受天命，圣人出而四海一。向之凭恃险阻，划削消磨，百年之间，漠然徒见山高而水清。欲问其事，而遗老尽矣。

今滁介江、淮之间，舟车商贾、四方宾客之所不至，民生不见外事，而安于畎亩衣食，以乐生送死。而孰知上之功德，休养生息，涵煦百年之深也。修之来此，乐其地僻而事简，又爱其俗之安闲。既得斯泉于山谷之间，乃日与滁人仰而望山，俯而听泉，掇幽芳而荫乔木，风霜冰雪，刻露清秀，四时之景，无不可爱。又幸其民乐其岁物之丰成，而喜与予游也。因为本其山川，道其风俗之美，使民知所以安此丰年之乐者，幸生无事之时也。夫宣上恩德，以与民共乐，刺史之事也，遂书以名其亭焉。庆历丙戌六月日，右正言、知制诰、知滁州军州事

欧阳修

欧阳修记。

欧阳修到滁州的第二年，一次偶然的机会发现滁水甘美，于是在州南百步之遥发现了一个幽谷，里面有清泉涌出，丰山耸立其上，景色十分优美。于是，欧阳修便派人"疏泉凿石"，建丰乐亭，与滁人共游。欧阳修还遍访滁之遗老，以考察宋太祖擒皇甫晖与姚凤的遗迹而不得。滁州地僻民闲，欧阳修也随遇而安，建丰乐亭后，经常与百姓优游其间，与民共乐。

再看《醉翁亭记》：

环滁皆山也。其西南诸峰，林壑尤美，望之蔚然而深秀者，琅琊也。山行六七里，水声潺潺，而泻出于两峰之间者，酿泉也。峰回路转，有亭翼然临于泉上者，醉翁亭也。作亭者谁？山之僧曰智仙也。名之者谁？太守自谓也。太守与客来饮于此，饮少辄醉，而年又最高，故自号曰醉翁也。醉翁之意不在酒，在乎山水之间也。山水之乐，得之心而寓之酒也。

若夫日出而林霏开，云归而岩穴暝，晦明变化，山间之朝暮也。野芳发而幽香，佳木秀而繁阴，风霜高洁，水清而石出者，山间之四时也。朝而往，暮而归，四时之景不同，而乐亦无穷也。

至于负者歌于途，行者休于树，前者呼，后者应，伛偻提携，往来而不绝者，滁人游也。临溪而渔，溪深而鱼肥，酿泉为酒，泉香而酒洌，山肴野蔌，杂然而前陈者，太守宴也。宴酣之乐，非丝非竹，射者中，弈者

胜，觥筹交错，起坐而喧哗者，众宾欢也。苍颜白发，颓然乎其间者，太守醉也。

已而夕阳在山，人影散乱，太守归而宾客从也。树林阴翳，鸣声上下，游人去而禽鸟乐也。然而禽鸟知山林之乐，而不知人之乐；人知从太守游而乐，而不知太守之乐其乐也。醉能同其乐，醒能述以文者，太守也。太守谓谁？庐陵欧阳修也。

且不说该文的文学成就，单就其中所传达的意趣而言，足以见出欧阳修在滁为政时期的与民同游共乐的悠闲自得的一面。但是，对于刚刚遭遇了政治风波与恶意攻击的欧阳修来说，这种悠闲自得既是对其苦闷情绪的一种排遣，也是其乐观向上、随遇而安的人格操守的一种反映。欧阳修自号"醉翁"，又以"醉翁"来命名山僧智仙于酿泉之上所作之亭，虽然他对醉翁的解释是："饮少辄醉，而年又最高"，然而"醉翁之意又不在酒"，这种名与实的矛盾该做何理解呢？

欧阳修在《题滁州醉翁亭》一诗中说："四十未为老，醉翁偶题篇。醉中遗万物，岂复记吾年。"欧阳修自号"醉翁"并非因为年老好饮，而是借酒求醉排遣愁闷以忘怀世事，在山水的观照中，达到忘我的境地。所以说："醉翁之意不在酒，在乎山水之间也。山水之乐，得之心而寓之酒也。"这里的酒是获得山水之乐的媒介，如果没有酒的催发，没有醉的忘怀状态，山水如何能触及那饱经世患的心灵呢？只有在醉眼朦胧、醉意惺忪之间，山水的四时变化蕴含的无穷趣味才全然地向醉翁展开，醉翁才可以一种"心斋""坐忘"的状态去体认山水自然的和谐与美好。而在

这一幅山水自然的和谐图景中，滁人的游山与太守的宴饮更体现出人与自然的契合相融，而醉翁之意也就在这一层面上得以诠释。然而在这一片自然和谐的美景中，太守虽与民共游同乐，但内心落寞孤独情绪也恰如醉也只是暂醉一样，只能暂时得以排遣，终归要拂而还来。所以结尾处："然而禽鸟知山林之乐，而不知人之乐；人知从太守游而乐，而不知太守之乐其乐也。醉能同其乐，醒能述以文者，太守也。太守谓谁？庐陵欧阳修也。"太守之乐滁人况且难以理解，太守内心的落寞，恐怕就更没人能理解了。醉而与民同乐，醒还要述以文，显然太守的醉非真醉，而只是暂时的解脱与忘怀。

不管怎样，滁州还是给宦海沉浮的欧阳修带来了惬意与自适。庆历七年，他写给梅尧臣的书信里曾这样写道：

> 某此愈久愈乐，不独为学之外有山水琴酒之适而已，小邦为政期年，粗有所成，固知古人不忽小官，有以也。
> （《欧阳修全集》卷一百四十九）

如果说滁州政事上的小有所成，令欧阳修颇感欣慰的话，那么在滁的"山水琴酒之适"与为学之乐，想必更令欧阳修忘情自适，徜徉于滁州山水之间，登临揽胜、寻访遗迹；携酒邀客，与民同乐。对于刚刚遭遇了政治风波与恶意攻击的欧阳修来说，这种寄情山水的闲适生活，对他饱经世患的心灵无疑是一种解脱与放松。

庆历六年，欧阳修在给好友梅尧臣的书信中，曾这样描述他的滁州生活：

某居此久，日渐有趣。郡斋静如僧舍，读书倦即饮射，酒味甲于淮南，而州僚亦雅。亲老一二年多病，今岁夏秋已来安乐，饮食充悦。省自洛阳别后，始有今日之乐。诗颇多，不能一一录去。（《欧阳修全集》卷一百四十九）

欧阳修对"贬所僻远"的滁州生活渐渐适应，也愈来愈觉得此间生活的趣味：住所安静适宜读书，读书累了就饮酒弈射；此地酒味也颇胜于淮南，僚友亦不乏文人雅士。更为可喜的是，母亲多病的身体也愈趋安乐。对于欧阳修而言，滁州生活之乐堪比洛阳时的优闲自适。在这种闲适的生活状态下，激发了他的诗歌创作灵感，诗作颇丰。诗为心画，欧阳修这一时期的诗歌反映了他在滁州于寂寞处求趣味的恬淡自处与乐观向上的心态。

作于庆历六年的《啼鸟》诗，是欧阳修初到滁州时期的诗作。此诗更多地抒发了被谗遭贬、孤独落寞，强自为欢的情绪：

穷山候至阳气生，百物如与时节争。官居荒凉草树密，撩乱红紫开繁英。花深叶暗耀朝日，日暖众鸟皆嘤鸣。鸟言我岂解尔意，绵蛮但爱声可听。南窗睡多春正美，百舌未晓催天明。黄鹂颜色已可爱，舌端哑咤如娇婴。竹林静啼青竹笋，深处不见惟闻声。陂田绕郭白水满，戴胜谷谷催春耕。谁谓鸣鸠拙无用，雄雌各自知阴晴。雨声萧萧泥滑滑，草深苔绿无人行。独有花上提葫芦，劝我沽酒花前倾。其余百种各嘲哳，异乡殊俗难知

欧阳修

名。我遭谗口身落此，每闻巧舌宜可憎。春到山城苦寂寞，把盏常恨无娉婷。花开鸟语辄自醉，醉与花鸟为交朋。花能嫣然顾我笑，鸟劝我饮非无情。身闲酒美惜光景，惟恐鸟散花飘零。可笑灵均楚泽畔，离骚憔悴愁独醒。

此诗先是描绘了偏僻荒凉的山城在阳春初至时，群英竞开、众鸟争鸣的春景。然而在这看似喧闹的场景中，却是人迹罕至，所谓"鸟鸣山更幽"，众鸟的喧闹更渲染了荒凉落寞的氛围。尤其对诗人而言，鸟语婉啭更令他想起自身的遭遇："我遭谗口身落此，每闻巧舌宜可憎"。寂寞之中，饮酒虽为取乐之方，可恨却无人相伴。"花开鸟语辄自醉，醉与花鸟为交朋"，在这寂寞无人处，唯有花鸟可作伴，所以倍加珍惜光阴，"惟恐鸟散花飘零"，惟有自己形单影只。此诗将遭谗被贬的遭遇消解在一片春花鸟语中，虽强做欢乐语，但其语意深处的寂寞与无奈难以掩饰。

作于庆历六年的《新霜二首》诗更见作者的气节：

天云惨惨秋阴薄，卧听北风鸣屋角。平明惊鸟四散飞，一夜新霜群木落。南山郁郁旧可爱，千仞巉岩如刻削。林枯山瘦失颜色，我意岂能无寂寞。衰颜得酒犹强发，可醉岂须嫌酒浊。泉傍菊花方烂漫，短日寒辉相照灼。无情木石尚须老，有酒人生何不乐！

荒城草树多阴暗，日夕霜云意浓淡。长淮渐落见洲渚，野潦初清收潋滟。兰枯蕙死谁复吊，残菊篱根争艳艳。青松守节见临危，正色凛凛不可犯。芭蕉芰荷不足

数,狼藉徒能污池槛。时行收敛岁将穷,冰雪严凝从此渐。咿呦儿女感时节,爱惜朱颜屡窥鉴。惟有壮士独悲歌,拂拭尘埃磨古剑。

春日里给寂寞的欧阳修带来慰藉的花鸟,在新霜初至的秋季,落叶飘零,惊鸟四散,面对这"林枯山瘦"的萧条,诗人倍觉寂寞,惟借酒以排遣这种落寞,还自我安慰地说:"有酒人生何不乐"。然而,新霜初至的时节也颇能见出草木的本性,所谓:"青松守节见临危,正色凛凛不可犯"。诗人对青松气节的赞赏,其实更是对自身人格操守的坚持。"惟有壮士独悲歌,拂拭尘埃磨古剑"一语所传达的九死不悔、慷慨悲凉的意味尤其让人感动不已。

在滁州的寂寞生活中,花与酒是最好的慰藉。如《希真堂东手种菊花十月始开》诗中云:"高人避喧守幽独,淑女静容修窈窕。方当摇落看转佳,慰我寂寥何以报。时携一尊相就饮,如得贫交论久要。我从多难壮心衰,迹与世人殊静躁。种花勿种儿女花,老大安能逐年少!"

欧阳修这一时期的诗歌作品也有相当一些流露了恬淡自适的乐观心态。如《琅琊山六题·班春亭》中一诗中写道:

信马寻春踏雪泥,醉中山水弄清辉。
野僧不用相迎送,乘兴闲来兴尽归。

这份信马由缰、醉里寻春、乘兴而来、兴尽而返的潇洒自得,颇有王子猷雪夜访戴的雅趣。此时的欧阳修已然忘怀个人的荣辱得失,寄情于山林泉石,所以他眼中的花、鸟、溪、云无一不那

么亲切可人："野鸟窥我醉，溪云留我眠；山花徒能笑，不解与我言。唯有岩风来，吹我还醒然。"（《题滁州醉翁亭》）

在滁州的寂寥生活中，有风雅相得的僚友为其生活增添了无穷乐趣。在众多僚友中，通判杜彬与欧阳修最相投契。杜彬通晓音律，擅长弹琵琶。二人交情甚笃，经常结伴游玩，这段生活给欧阳修留下了非常美好的回忆。多年以后，欧阳修还经常回忆起这位友人，忆及他带给他寂寞的滁州生活的无限兴味：

> 修在滁之三年，得博士杜君与处，甚乐，每登临览泉石之际，惟恐其去也。其后徙官广陵，忽忽不逾岁而求颍。在颍逾年，差自适，然滁之山林泉石与杜君共乐者，未尝辄一日忘于心也。今足下在滁，而事陈君以居。足下知道之明者，固能达于进退穷通之理，能达于此而无累于心，然后山林泉石可以乐，必与贤者共，然后登临之际有以乐也。（《答李大临学士书》，《欧阳修全集》卷七十）

由"甚乐"与"惟恐其去"，可见杜彬在欧阳修生活中所扮演的不可或缺的角色。即使是在优游自适的生活中，他也一日不能忘记滁州的"山林泉石与杜君共乐者"，可见，与杜彬共游的时光是他一生中最为难忘的时光。借他劝慰李大临的话语也可看出，滁州生活是他"达于进退穷通之理"后，才觉"山林泉石可以乐"，而与杜彬的同游更是让他助长他的山水之乐。嘉祐二年，他在《赠沈博士歌》中还深切地缅怀已然逝去的杜彬：

我昔被谪居滁山，名虽为翁实少年。坐中醉客谁最贤，杜彬琵琶皮作弦。自从彬死世莫传，玉连锁声入黄泉。死生聚散日零落，耳冷心衰翁索莫。

除杜彬外，能给欧阳修的滁州生活带来慰藉的还有众多慕名前来求学的晚辈后生。有姓名可考者有章生、王向、孙秀才、徐无党兄弟，还有和欧阳修早就熟识的江西秀才曾巩。欧阳修的诗文作品，记录了这些人的来访给他带来的感动与趣味。如《送孙秀才》：

高门煌煌炼如赭，势利声名争借假。嗟哉子独不顾之，访我千山一羸马。明珠渡水覆舟失，赠我玑贝犹满把。迟迟顾我不欲去，问我无穷惭报寡。时之所弃子独向，无乃与世异取舍。

这首诗作于庆历六年，从诗意推知，孙秀才不远千里前来拜访被贬滁州的欧阳修，这种不趋炎附势，与世俗取舍相异的行为令欧阳修感慨万千。再如《怀嵩楼晚饮示徐无党无逸》：

滁山不通车，滁水不载舟。舟车路所穷，嗟谁肯来游。念非吾在此，二子来何求。不见忽三年，见之忘百忧。问其别后学，初若茧绪抽。纵横渐组织，文章烂然浮。引伸无穷极，卒敛以轲丘。少进日如此，老退诚可羞。敝邑亦何有，青山绕城楼。泠泠谷中泉，吐溜彼山幽。石丑骇溪怪，天奇瞰龙湫。子初如可乐，久乃叹以

愀。云此譬图画，暂看已宜收。荒凉草树间，暮馆城南陬。破屋仰见星，窗风冷如镂。归心中夜起，辗转卧不周。我为办酒肴，罗列蛤与蚌。酒酣微探之，仰笑不颔头。曰予非此侬，又不负谴尤。自非世不容，安事此为囚。幸以主人故，崎岖几推辀。一来勤已多，而况欲久留。我语顿遭屈，颜惭汗交流。川途冰已壮，霰雪行将稠。美子兄弟秀，双鸿翔高秋。嗈嗈飞且鸣，岁暮忆南州。饮子今日欢，重我明日愁。来贶辱已厚，赠言愧非酬。

徐无党兄弟特来舟车不通的滁州拜访欧阳修，令他"见之忘百忧"；三年不见，徐氏兄弟学问、文章的进步让欧阳修称赞不已。然而偏僻的滁州初见可乐，久待便令人愁。欧阳修的留客之意也不便启齿："我语顿遭屈，颜渐汗交流"。此诗可见出欧阳修滁州生活的真实境况。难得的有客来访给他孤寂的生活带来了些许慰藉。

庆历六年夏，曾巩专程到滁州从欧阳修学古文辞。欧阳修对曾巩颇为赏识，曾说过："过吾门者百千人，独于得生为喜。"并且向杜衍举荐曾巩。曾巩十分谦虚，觉得自己"浅狭滞拙，而先生遇之甚厚。惧已之不称"。这次来滁，特意带上同乡好友王安石的文章，将王安石推荐给欧阳修。欧阳修对王安石之文"爱叹诵写，不胜其勤"，并感叹："此人文字可惊，世所无有。盖古之学者有，或气力不足动人。使如此文字不光耀于世，吾徒可耻也。"但同时又指王安石文章的缺点，劝其"少开廓其文，勿用造语及模拟前人"，"孟、韩文虽高，不必似之也，取其自然耳"。欧阳

修对青年学者的教导提携于此可见一斑，而欧阳修自身也在其中寻找到了乐趣。正是由于他这种真诚而不遗余力地提携劝导，使得一批青年才子脱颖而出，从而也确立了欧阳修文坛盟主的地位。

尽管滁州地僻，远离京师，欧阳修也忘怀政事，醉情于山水之间，但正所谓树欲静而风不止，夏竦之流散布流言，称石介假死，被富弼派往契丹，图谋起兵倾覆大宋江山，仁宗听信传言，诏令开棺验尸，使石介蒙受身后奇冤，虽然因有一批正义之士的从中斡旋，最终没有开棺验尸，但这以足以令欧阳修悲愤难抑，欲为好友伸冤又无计可施，于万般悲愤与无奈之中，他翻读石介的遗著《徂徕先生文集》，并先后写下《读徂徕集》与《重读徂徕集》二首长诗，以告慰好友，并纾解自己内心的悲愤：

人生一世中，长短无百年。无穷在其后，万世在其先。得长多几何，得短未足怜。惟彼不可朽，名声文行然。谗诬不须辨，亦止百年间。百年后来者，憎爱不相缘。公议然后出，自然见媸妍。孔孟困一生，毁逐遭百端。后世苟不公，至今无圣贤。所以忠义士，恃此死不难。当子病方革，谤辞正腾喧。众人皆欲杀，圣主独保全。已埋犹不信，仅免斲其棺。此事古未有，每思辄长叹。我欲犯众怒，为子记此冤。下纾冥冥忿，仰叫昭昭天。书于苍翠石，立彼崔嵬巅，询求子世家，恨子儿女顽。经岁不见报，有辞未能诠。忽开子遗文，使我心已宽。子道自能久，吾言岂须镌。（《重读徂徕集》）

人生不过百年，是是非非、孰得孰失，无须分辩。唯有道德

文章可以长留世间，百年之后，没有利害关系，自然会做出公正的评判。孔孟在世时尚且遭遇诋毁，但他们终归还是圣贤。欧阳修相信历史终会给石介公正的评判。此诗抒发了欧阳修对石介蒙冤又无从辩解的愤懑与无奈。

庆历八年（1048）正月，诏令欧阳修转起居舍人，依旧知制诰，徙知扬州。欧阳修依依不舍地告别滁州，前往扬州赴任。在州人送别的宴会上，欧阳修赋《别滁》一诗：

　　花光浓烂柳轻明，酌酒花前送我行。
　　我亦且如常日醉，莫教弦管作离声。

在生机盎然的春日，告别曾给予他抚慰的明丽山水、挚朴的百姓，此诗流露出了醉翁依依不舍的心情。滁州的山水、醉翁的情怀，已深深的铭刻在欧阳修的记忆深处。

4. 徙知扬、颍

由偏僻的滁州徙往重镇扬州，表明朝廷开始重新重用他，对于欧阳修的仕途而言，是一个重要的转机。在《扬州谢上表》（《欧阳修全集》卷九十）中，欧阳修表明心迹：

　　伏念臣材非适用，行辄违时，徒知好古之勤，自励匪躬之节。误蒙奖拔，骤玷宠荣。小器易盈，固已宜于颠覆；尽言取祸，仍多结于怨仇。仰侍公朝，臣虽自信；在于物理，岂有不危？矧利口之中人，譬含沙之射影，谓时之众嫉者易为力，谓事之阴昧者易为证。上繄天听

之聪，终辨狱辞之滥。苟此冤之获雪，虽永弃以犹甘，而况得善地以长人，享及亲之厚禄。坐安优逸，未久岁时，亟就易于方州，仍陟迁于秩序。有以见圣君之意，未尝忘言事之臣。孤拙获全，忠善者皆当感动；奸谗不效，倾邪者可使息心。非惟愚臣，独以为幸。

在这篇表文中，欧阳修将尽言取祸、含诟蒙冤的郁愤倾吐而出，说得入情入理，真切感人，并将皇帝的美意上升到"未尝忘言事之臣"的高度，认为自己的陈冤昭雪将起到"忠善者皆当感动"、"倾邪者可使息心"的作用。

扬州，是江淮重镇，东南水陆交通枢纽，其繁华程度远非"舟车商贾，四方宾客之所不至"的滁州可比，其政事也颇繁剧，不同于滁州的"地僻事简"。好在，欧阳修的前任是韩琦，他到任后，"但日询故老去思之言，遵范遗政，谨守而已。"欧阳修在韩琦的遗政基础上，继续奉行宽简的治理原则，深得百姓拥护，不出三月，辖区内便井然有序。苏辙在《欧阳文忠公神道碑》记载："其政察而不苛，宽而不弛，吏民安之，滁、扬之人，至为立生祠。"可见，欧阳修的宽简之政颇得民心。

扬州是座有着悠久历史的文化名城。欧阳修到任后，修建了平山堂、美泉亭与无双亭，为这座古城平添了景致。在写给韩琦的书信中，他曾言："广陵尝得明公镇抚，民俗去思未远，幸遵遗矩，莫敢有逾。独平山堂占胜蜀冈，江南诸山一目千里，以至大明井、琼花二亭，此三者，拾公之遗，以继盛美尔。"

平山堂建于大明寺内。大明寺始建于南朝刘宋大明年间，唐代高僧鉴真曾在这里讲经，是闻名淮南的修行古刹。平山堂建成

欧阳修

后,端坐堂中,但见江南诸山拱列檐下,与槛廊齐肩,因此名为"平山堂"。现今堂后还留有"远山来与此堂平"的匾额。欧阳修还在堂前手种一柳,后人称为"欧公柳"。 从此,每逢酷暑闲暇,欧阳修便率宾客前来游玩,席间摆满莲花,饮酒行令,好不惬意。欧阳修曾做《答通判吕太傅》一诗描绘了此间的行乐生活:

千里芙蕖盖水平(郡治荷花,四望极目),扬州太守旧多情。画盆围处花光合(予尝采莲千朵,插以画盆,围绕坐席),红袖传来酒令行(又尝命坐客传花,人摘一叶,叶尽处饮,以为酒令)。舞踏落晖留醉客,歌迟檀板换新声。如今寂寞西湖上,雨后无人看落英。

此诗记录了欧阳修与宾客们在平山堂上纳凉赏荷,传花饮酒的惬意生活,以至作者到了西湖,还对此间的生活十分怀念。使平山堂名扬后世的还有一首名为《朝中措》的词:

平山栏槛倚晴空,山色有无中。手种堂前垂柳,别来几度春风? 文章太守,挥毫万字,一饮千钟。行乐直须年少,樽前看取衰翁。

此词是至和三年(1056)欧阳修送好友高敞出守扬州而作。词中满怀深情地追忆了平山堂的醉人景色,凭栏兴眺,晴空万里,山色若有若无;堂前垂柳,随风摇曳;文章太守,挥毫泼墨,饮酒宴客。抚今追昔,当年意气风发、才华横溢的文章太守,如今已成衰翁。在这强烈的今昔对比中,更加突显了作者对平山堂景

色与扬州生活的追忆。

由于扬州水陆交通发达，欧阳修有机会在这里接待同僚好友。庆历八年五月，梅尧臣前往宣城探亲，途经扬州。两位老友重逢，举杯痛饮，畅谈古今。八月初，梅尧臣北上供职，再过扬州。欧阳修约许元、王琪起欢度中秋，饮酒赋诗。当夜天公不作美，下起雨来，虽然无月可赏，但大家击鼓传花，吟诗联句，兴致颇浓：

> 池上虽然无皓魄，尊前殊未减清欢。
> 绿醅自有寒中力，红粉尤宜烛下看。
> 罗绮尘随歌扇动，管弦声杂雨荷干。
> 客舟闲卧王夫子，诗阵教谁主将坛。
> ——《酬王君玉中秋席上待月值雨》

此诗描绘了欧阳修与梅尧臣中秋夜饮酒赋诗之乐。对这对定交二十余年的好友而言，相聚的时光总是那样的短暂，漫长的离别又到了眼前：

> 离合二十年，乖睽多聚集。
> 常时饮酒别，今别辄饮泣。
> 君曰吾老矣，不觉两袖湿。
> 我年虽少君，白发已揖揖。
> ——《别后奉寄圣俞二十五兄》

这首诗见证了两人依依惜别伤感场景与二人之间的深情厚谊。欧阳修在扬州期间，患眼疾，差点双目失明，"不惟书字艰

难，遇物亦不能正视"，后经治疗，虽有好转，但也难以恢复如初，"眼瞳虽存，白黑才辨"。从此，眼病一直伴随着他，好在欧阳修乐观豁达，还曾作《眼有黑花戏书自遣》诗自嘲：

洛阳三见牡丹月，春醉往往眠人家。
扬州一遇芍药时，夜饮不觉生朝霞。
天下名花惟有此，尊前乐事更无加。
如今白首春风里，病眼何须厌黑花。

欧阳修受着眼病的煎熬时，又传来了好友苏舜钦病故的噩耗。前一年，好友尹洙病故，接踵而来的打击令欧阳修悲痛万分。惟有文字，可以宣泄这种痛失好友的伤痛。他怀着深切的哀悼之情写下了《尹师鲁墓志铭》与《祭苏子美文》。欧阳修擅长碑志文，当时名公钜卿去世后，志铭文字多出其手；好友去世，也多做志铭文字以表哀思。

在《尹师鲁墓志铭》中，欧阳修效法尹洙"文简而意深"的文章风格，精心锤炼，用精简准确的文字记述了尹洙一生的出处行事的大节。文章开头开宗明义地指出："然天下之士识与不识皆称之曰师鲁，盖其名重当世。而世之知师鲁者，或推其文学，或高其议论，或多其材能。至其忠义之节，处穷达，临祸福，无愧于古君子，则天下之称师鲁者未必尽知之。"师鲁名重天下，无愧于古君子，可天下称师鲁者未必完全地了解他。显然，欧阳修作尹师鲁墓志主要目的便要全方位地彰显尹师鲁各方面的材能与业绩，给予全方位的准确的评价。于其才学，欧阳修肯定："师鲁为文学，简而有法。博学强记，通知今古，长于《春秋》。"欧

阳修还肯定尹师鲁有独到的见解，不随波逐流："其与人言，是是非非，务穷尽道理而已，不为苟止而妄随，而人亦罕能过也。遇事无难易，而勇于敢为，其怕以见称于世者，亦所以取嫉于人，故其卒穷以死。"欧阳修还特意论列了尹师鲁的军事才能，这是别人所不易了解的："师鲁当天下无事时独喜论兵，为《叙燕》《息戍》二篇行于世。自西兵起，凡五六岁，未尝不在其间，故其论议益精密，而于西事尤习其详。其为兵制之说，述战守胜败之要，尽当今之利害。又欲训士兵伐戍卒，以减边用，为御戎长久之策，皆未及施为。而元昊臣，西兵解严，师鲁亦去而得罪矣。然则天下之称师鲁者，于其材能，亦未必尽知之也。"为了让世人对尹师鲁有全面地了解，欧阳修特意在别人不了解处作文字发明，其用意很明显的。可是，这篇精心结撰的文字并没有得到尹氏子弟的认可，他们改请韩琦另作墓表。针对尹氏子弟的责难，欧阳修还特作《论尹师鲁墓志》一文，逐条辩驳，并说明自己为文之用意。

在《祭苏子美》（《欧阳修全集》卷四十九）一文中，欧阳修深切地哀悼了这位平生好友：

哀哀子美，命止斯邪？小人之幸，君子之嗟。子之心胸，蟠屈龙蛇；风云变化，雨雹交加；忽然挥斧，霹雳轰车。人有遭之，心惊胆落，震仆如麻。须臾霁止，而回顾百里，山川草木，开发萌芽。子于文章，雄豪放肆，有如此者，吁可怪邪！

嗟乎世人，如此而已。贪悦其外，不窥其内。欲知子心，穷达之际。金石虽坚，尚可破坏，子于穷达，始

终仁义。惟人不知，乃穷至此。蕴而不见，遂以没地。独留文章，照耀后世。嗟世之愚，掩抑毁伤；譬如磨鉴，不减愈光。一世之短，万世之长；其间得失，不待较量。哀哀子美，来举予觞。尚飨！

在这篇祭文中，欧阳修对苏舜钦的胸襟气度、文章才华给予了热烈的讴歌和赞美，然而这样的人物却因政治风波遭遇重谴，等不到东山再起之日便命丧九泉，实在是可哀可叹！祭文中反复出现"哀哀子美"，表明欧阳修对苏舜钦的深切同情。"一世之短，万世之长；其间得失，不待较量"，惟有期待万世之后，历史会给予苏舜钦公正的评价。

四年后，欧阳修在杜衍家里得到了苏舜钦的全部遗稿，终于得偿夙愿，亲自加以整理，编成十卷，并作《苏氏文集序》。在序文开头，欧阳修曰："予友苏子美之亡后四年，始得其平生文章遗稿于太子太傅杜公之家，而集录之以为十卷。子美，杜氏婿也，遂以其集归之，而告于公曰：'斯文，金玉也，弃掷埋没粪土，不能销蚀。其见遗于一时，必有收而宝之于后世者。虽其埋没而未出，其精气光怪已能常自发见，而物亦不能掩也。故方其摈斥摧挫、流离穷厄之时，文章已自行于天下，虽其怨家仇人及尝能出力而挤之死者，至其文章，则不能少毁而掩蔽之也。凡人之情忽近而贵远，子美屈于今世犹若此，其申于后世宜如何也！公其可无恨。'"欧阳修对苏舜钦的生平遭遇愤愤不平，对于他特立独行的品格、传世不朽的文章极为钦佩，希望好友可以借助文字扬名后世。

欧阳修以目疾为由，自请移知小郡颍州（今安徽阜阳）。于皇

祐元年（1049）三月，到达任所。不久，又转礼部郎中、知制诰。对自请移知颍州的情由，欧阳修在《谢转礼部郎中表》中有明确的说明：

> 臣某言：蒙恩授臣礼部郎中、知制诰，依旧知颍州者。恩出非常，荣逾始望。人以臣为宠，臣以喜为忧。伏念臣自小无能，惟知嗜学，常慕古人而笃信，不思今世之难行。而自遭遇圣明，骤蒙奖拔，急于报国，遂欲忘躯。结怨仇者，皆可畏之人；所违忤者，悉当权之士。既将行己，又欲进身，惟二者之难兼，虽至愚而必达。况臣粗知用舍，颇识廉隅。故其自被谗诬，迨于降黜。当举朝沸议，未尝以寸牍而自明；及累岁谪居，不敢以半辞而自理。其后再经宽赦，移镇要藩。曾未逾年，遽求小郡。盖臣知难当之众怒，尚未甘心；思苟免之善谋，惟宜退迹。则臣于荣进，岂敢侥求？此盖皇帝陛下，日月照临，乾坤覆载，不忘旧物，曲轸睿慈。谓后臣贬职之人悉皆牵复，面悯臣无名之罪久未雪除。故推叙进之文，特示甄收之意。然臣近于去岁，早已改官，逮此便蕃，岂宜叨窃？欲固让，则有嫌疑之避；欲遽受，则怀忝冒之惭。进退之间，凌兢失措，惟当尽节，上报深恩。

此表言词恳切，将自己当谏官以来，忘躯报国、不畏权贵；遭逢谗诬、贬谪僻地的遭遇娓娓道来。政治风波的洗礼，已让欧阳修褪去了年少气盛的锋芒，因此，当朝廷宽赦，将他移知扬州时，他冷静地审时度势，认为此时"难当之众怒，尚未甘心"，于

是在知扬州不到一年的时间，便求小郡颍州。此举透露出欧阳修在政治上日渐稳重成熟。

颍州地处平原，滨临颍水，风景秀丽，物产丰饶。城西北也有个西湖，可与杭州西湖相媲美。这里不像滁州那样闭塞，也不似扬州那样繁华，"民淳讼简而物产美，土厚水甘而风气和"，是个非常宜人的所在，欧阳修初到颍州便深深地喜欢上了这里。这种愉悦的心情在《初至颍州西湖瑞莲黄杨寄淮南转运吕度支发运许主客》诗里表露无遗：

> 平湖十顷碧琉璃，四面清阴乍合时。柳絮已将春去远，海棠应恨我来迟。啼禽似与游人语，明月闲撑野艇随。每到最佳堪乐处，却思君共把芳卮。

此诗以清新明丽的笔调抒发了作者初见西湖的喜悦心情。诗歌也记录了作者初到颍州思念故旧的心情。然而，不久，欧阳修在这里就结识了一批新的朋友。时任颍州通判是吕夷简之子吕公著。当年吕夷简为相时，欧阳修与其政见相忤，但是与吕公著久处后，发现他秉性醇厚、清静好学，很快便结成"讲学之友"。当时，刘敞、王回也都寓居颍州。刘敞博学，于佛老、卜筮、天文、方药等都能通晓大略；王回是一位儒者，欧阳修对其文章评价甚高。四人常聚在一起以讲学为乐。此外，还有刘敞的弟弟刘邠、徐无党的弟弟徐无逸等相从与游。欧阳修特意在颍州建立西湖书院，教育颍州子弟。还在治所内修建了聚星堂，以方便大家宴集。欧阳修经常召集文人雅士们在聚星堂里分韵赋诗，诗作结集流行于世。一时之间，颍州成为士人们向往的文坛中心，能文之士与

馆阁诸公，都因不能参加聚星堂的聚会为憾事。

可以想见，徜徉于湖光山色之间，与文士们宴游雅集，欧阳修的颍州生活当是十分惬意的。这时期他写下了大量赞美西湖美景与抒发自得之乐的诗词作品。诗如《西湖戏作示同游者》：

菡萏香清画舸浮，使君宁复忆扬州。
都将二十四桥月，换得西湖十顷秋。

此诗传达了作者对颍州深深的眷恋之情。词作如联章体《采桑子》十首为代表。这十首词记载从各个不同的侧面描绘了西湖之美与带给作者的愉快感受。有"轻歌短棹"游西湖的，有"画船载酒"游西湖的；有"春深雨过"之后的西湖、有"群芳过后"的西湖，有"清明上巳"时节的西湖、有"荷花开后"的西湖，有"天容水色"中的西湖、"残霞夕照"下的西湖。这些词作从多侧面、多角度描绘了西湖的旖旎风光与作者流连其中的惬意情怀。试略举数首为例：

轻舟短棹西湖好，绿水逶迤。芳草长堤，隐隐笙歌处处随。　无风水面琉璃滑，不觉船移。微动涟漪，惊起沙禽掠岸飞。（之一）

画船载酒西湖好，急管繁弦。玉盏催传，稳泛平波任醉眠。　行云却在行舟下，空水澄鲜。俯仰留连，疑是湖中别有天。（之三）

群芳过后西湖好，狼藉残红。飞絮濛濛，垂柳阑干尽日风。　笙歌散尽游人去，始觉春空。垂下帘栊，

双燕归来细雨中。（之四）

　　作者运用活泼轻快的笔调，点染了西湖的醉人景色以及带给人的别有洞天的感受。尤其难得的是，即便是描写群芳过后的西湖，让人"始觉春空"，但也无伤春之感，反而多了一种恬静安闲的趣味。正是因为在颍州的恬淡适意的生活，让欧阳修慨然有归隐之意，他写诗给好友梅圣俞，相约一同归隐：

　　　　壮心销尽忆闲处，生计易足才蔬畦。
　　　　优游琴酒逐渔钓，上下林壑相攀跻。
　　　　及身强健始为乐，莫待衰病须扶携。
　　　　行当买田清颍上，与子相伴把锄犁。

　　欧阳修与梅尧臣相约要趁着身体强健时一同归隐颍州，过琴酒渔钓的优游生活。

　　皇祐二年（1052）七月，欧阳修改知应天府，兼南京留守司事。朝廷对欧阳修"擢从支郡，委以名都"，带有升迁性质。但是，这个差事应酬事务比扬州还要繁剧。南京素来是重要的都会，宾客往来较多，如果招待不周，便议论蜂起。即使是贵臣权要经过，欧阳修也"待之如一"，令有些人怀恨在心，"由是造为语言，达于朝廷"。朝廷委命陈升之到南京察审是非。陈升之查访民间后，得知民间因欧阳修严明廉正而称之为"照天蜡烛"。仁宗皇帝得知后，十分高兴，欲将欧阳修召回京城，委以重任。可是，欧阳修的母亲郑氏夫人病危，于皇祐四年（1052）病逝。欧阳修悲痛欲绝，扶柩前往颍州，为母守制。

欧阳修在颍州居母丧，前后闲居两年有余。在此期间，欧阳修远离朝廷的纷扰，潜心著术。先是整理了苏舜钦文集，编成十卷，并作《苏氏文集序》；后又将多年收集的金石碑帖加以整理，集为《集古录目》。在此期间，他还投入大量精力修改《新五代史》。《新五代史》的编撰起于景祐四年（1037），欧阳修与尹洙相约用春秋笔法，分工合作重新编撰五代史，后来尹洙未见动作，欧阳修独自修撰。历经十八年，终于将这部史稿初步完成。欧阳修将这部书稿寄给梅尧臣、曾巩、徐无党等人，又参酌众人的修改意见，开始了漫长的修改工作。在与《渑池徐宰无党》书信中他提及："《五代史》，昨见曾子巩议，今却重头改换，未有了期。"直到宋神宗熙宁五年（1072）欧阳修去世，这部书稿才算最终定稿。

（三）从政后期

1. 入迁翰林

至和元年（1054）欧阳修服丧期满，接到朝廷任命，抵达汴京，觐见皇帝。阔别十年，当年意气风发的谏臣，如今已是"鬓须皆折，眼目昏暗"，仁宗皇帝不禁恻然伤感，十分关切地询问他在外几年？如今多大年纪？欧阳修请求外任，仁宗皇帝挽留说："这些年我见过的人多了，做小官时，还肯直言进谏；官位愈高，顾忌越多。像你这样正直敢言的人，不要离开朝廷。"并许诺要授予欧阳修流内铨的官职。

流内铨这一官职虽品位不高，但权力不小，"掌节度判官以下州府判司、诸县令佐拟注对扬、磨勘功过之事"，掌管着九品以

上官吏选调职能。欧阳修刚上任，便递呈了《论权贵子弟冲选人札子》。这篇札子针对当时选官多，职位少，权贵子弟胡乱卡占孤寒出身者出缺机遇的现象而发，希望朝廷加以限制。仁宗皇帝对此十分重视，令三班审官依此办理。无疑，欧阳修此举触动了权贵阶层的利益，又陷入了一场阴谋当中。先是有人伪造了一份请汰内臣的奏章，闹得沸沸扬扬，以激怒那些炙手可热的宦官。这些宦官们暗中勾结朝臣，伺机陷害欧阳修。后借胡宿之子胡宗尧改任京官之事，弹劾欧阳修徇私枉法。仁宗皇帝听信了宦官的挑拨，欲将欧阳修出知同州。经史部南曹吴充、谏院范镇极言力谏，改任欧阳修为翰林学士兼史馆修撰，勾当三班院。翰林学士是学士院的正官，又称"内翰"、"内相"、"翰学"，主要负责起草诏命和参预谋议，需要才思敏捷、通晓经史的人担当。

欧阳修刚一入迁翰林，朝廷内外就宰相陈执中该不该罢黜的问题，又掀起了一场舆论风波。身为翰林学士的欧阳修也挺身而出，递呈《论台谏官言事未蒙听允书》，直指皇帝"好疑自用而自损"，恳请皇帝罢陈执中执事，改用贤材。仁宗皇帝最终迫于舆论压力将陈执中罢为镇海节度使、同平章事、判亳州。陈执中的改官制诰恰好由欧阳修来草拟。陈执中与欧阳修素不相睦，以为欧阳修在制诰中不会用什么好的词。结果，制诰一出，"词甚美"，其中有"杜门却扫，善避权势以远嫌；处事执心，不为毁誉而更守"。陈执中见了又惊又喜，说："即使与我相知很深的人，也不能说出这样的话来，这真是我的真实写照。"于是手抄一本，寄给门客李中师，并说："我后悔没有早认识欧阳修这个人。"欧阳修作为翰林学士，能够摒弃个人恩怨，委婉其词又深得人心，令有不同政见者叹服，这一方面可见出欧阳修的公私分明，一方面可

见出其文辞的高明巧妙。

2. 出使契丹

至和二年八月，契丹国主耶律宗真过世，耶律洪基继任，欧阳修以翰林学士、右谏议大夫充贺登位国信使，贺契丹新主登位，出使辽国。欧阳修一路上辛苦跋涉，也深入了解了边地人民的生活，有诗为证：

> 家世为边户，年年常备胡。
> 儿童习鞍马，妇女能弯弧。
> 胡尘朝夕起，虏骑蔑如无。
> 邂逅辄相射，杀伤两常俱。
> 自从澶州盟，南北结欢娱。
> 虽云免战斗，两地供赋租。
> 将吏戒生事，庙堂为远图。
> 身居界河上，不敢界河渔。

此诗以边民的口吻写出了边民的骁勇善战与抵御外侮的坚决态度，这与朝廷的苟且偷安形成了鲜明的对比。"身居界河上，不敢界河渔"，抒发了边民的无奈。

欧阳修一行人抵达上京后，受到契丹隆重的礼遇，接待规格之高前所未见。押宴的贵臣有契丹皇叔陈留郡王宗愿和惕隐大王宗熙；宰相萧知足、太皇太后的弟弟尚父中书令晋王萧孝友。他们明确宣称："这不是一般的接待规格，是因为欧阳学士名重当世。"

3. 权知贡举

嘉祐二年（1057）正月，欧阳修受命知礼部贡举事。同知贡举的还有翰林学士王珪、龙图阁直学士梅挚、知制诰韩绛、集贤殿修撰范镇。梅尧臣为参详官。这六人在锁院五十日期间，摆脱束缚，驰骋才华，"欢然相得，群居终日，长篇险韵，众制交作，笔吏疲于写录，僮史奔走往来。间以滑稽嘲谑，形于风刺，更相酬酢，往往烘堂绝倒。自谓一时盛事，前此未之有也。"（《归田录》卷二）这六人唱和之作共有"古律歌诗一百七十余篇，集为三卷。"成为文学史上的一段美谈。

有鉴于唐代科举的一些弊端，宋代在科举上采取了锁院、别头、弥封、誊录等一系列制度，但是挟书入场、雇人挟带入场的现象时有发生。欧阳修知贡举后针对这一弊端，在《条约举人怀挟文字札子》中，提出了具体措施：

> 臣伏见国家自兴建学校以来，天下学者日盛，务通经术，多作古文，其辞艺可称、履行修饰者不可胜数。然累次科场，人数倍多于往岁，事既大盛，弊亦随生。窃闻近年举人公然怀挟文字，皆是小纸细书，抄节甚备。每写一本，笔工获钱三二十千。亦有十数人共敛钱一二百千，雇倩一人，虚作举人名目，依例下家状，入科场，只令怀挟文字，入至试院，其程试则他人代作。事不败则赖其怀挟，共相传授。事败则不过扶出一人，既本非应举之人，虽败别无刑责，而坐获厚利。窃以国家取士，务得实材，今若浮伪之人容其滥进，则使负辛勤蕴实学

者无以自别。且自来科场，务存事体，所以优加礼遇，用待贤能。今浮薄之徒不知朝廷崇奖之意，自为奸伪，以至于此，甚可叹也。谓宜峻立科条，明加约束，使浮薄奸伪之徒不容于其间，则实有学行之人得被选进，然后士子无滥举，朝廷得实才。臣今欲乞增定贡院新制，宽监门之责，重巡捕之赏。盖以入门之时一一搜检，则虑成拥滞。故臣乞自举人入院后严加巡察，多差同及清干京朝官巡捕，每获怀挟者，许与理为劳绩，或免远官，或指射差遣。其监门官与免透漏之责。若搜检觉察得人数多者，令知举官闻奏取旨，重加酬奖。其巡捕官，除只得巡察怀挟及传授文义外，不得非理侮慢举人，庶存事体。且朝廷待士甚厚，而小人自为浮薄，不可不行禁止，以革弊源。如允臣所奏，乞立定巡捕官赏格及怀挟人责罚刑名，添入贡院新定条制。仍榜南省门，及下进奏院，颁告天下。所贵先明条约，然后必行。取进止。

（《欧阳修全集》卷一百一十一）

为了确保公平的考试环境，针对挟书入场之弊，欧阳修建议采取"宽监门之责，重巡捕之赏"的措施，并将此举添入贡院新定条制中颁行。这是欧阳修知贡举的一大新举措。

欧阳修知贡举的另一大举措便是，力扫科考积弊，革新文风。在当时的科场举屋中，险怪奇涩的"太学体"文风盛行一时，欧阳修对此一向持批判的态度，这次借知贡举之机，欲痛革此种文风。据《先公事迹》记载：

欧阳修

时学者为文以新奇相尚，文体大坏。公深革其弊，一时以怪僻知名在高等者，黜落几尽。

当时有位太学生名叫刘几，在太学中颇有名气，为文以险怪著称。欧阳修早已闻知其人。在阅卷时，欧阳修看到一篇怪僻的文章，最后几句写道："天地轧，万物茁，圣人发。"欧阳修一见便说："这一定是刘几的文章。"于是在后面续道："秀才剌，试官刷。"并用大朱笔从头至尾横抹一道，又批上"大纰缪"三字，张贴在墙壁上，让各位考官参看。后来揭去糊名，这篇文章果然出自刘几。

这一年科考策论的题目是《刑赏忠厚之至论》，其中有位考生的试卷引起了梅尧臣的注意，卷上写道：

……《传》曰："赏疑从与，所以广恩也；罚疑从去，所以慎刑也。"当尧之时，皋陶为士，将杀人，皋陶曰"杀之"三，尧曰"宥之"三，故天下畏皋陶执法之坚，而乐尧用刑之宽。

梅尧臣将卷子拿给欧阳修看，欧阳修读了，为之"惊喜，以为异人"。可是对皋陶的典故出自何书，一时之间想不起来，便问："这些话出自什么书？"梅尧臣回答："为什么一定要有出处呢？"欧阳修也以为自己偶尔忘却了，对这位考生的学识渊博与文才高妙赞叹不已。从文章的风格看来，欧阳修考虑到怕是出自自己的门生曾巩之手，考虑再三，决定将这名考生定为第二名比较妥当。等到发榜之日，才知道这篇文章原来出自苏轼之手。对

"皋陶"二句出自何书，欧阳修一直放心不下，还对梅尧臣说："这人一定有依据，只是我们不记得罢了。"等到苏轼登门拜谢考官时，欧阳修首先便问他这两句的出处，谁知，苏轼竟然答道："为什么一定要有出处呢？"竟然与梅尧臣之语相合。这种豪迈的气度令欧阳修十分赞赏。欧阳修称赞苏轼："此人可谓善读书，善用书，他日文章必独步天下。"还曾说过："读苏轼书，不觉汗出。快哉！快哉！老夫当避路，放他出一头地也。可喜！可喜！"欧阳修这种慧眼识珠、识才、爱才的恢宏气度，使得苏氏兄弟得以出人头地，也成就了一段文坛佳话。

这一年进士及第的著名人物有曾巩、苏轼、苏辙等人，这些人日后都成为著名的古文大家，在中国文学史上占有一席之地。不过，那些因善写怪僻之文而知名一时的人物对名落孙山也心有不甘。一些落榜举子群起闹事，他们趁着欧阳修上早朝的时候，将其围住，谩骂诋毁，就连负责都城治安的巡逻的人也无法制止遣散。这些情形早在欧阳修的预料之中，在写给朋友的信中，他说：

> 某昨被差入省，便知不静。缘累举科场极弊，既痛革之，而上位不主。权贵人家与浮薄子弟，多在京师，易为摇动，一日喧然，初不能遏。然所得颇当实材，既而稍稍遂定。（《与王懿敏公仲仪》其三）

从这封书信可以看出，欧阳修意在痛革科场之弊，扭转文风，选拔贤材，对所遭遇的骚动早有心理准备。

嘉祐贡举，在欧阳修的努力下，确实起到了扭转文风的作用。

从此,"文体复归于正"。那些擅为险怪之文的士子,也摒弃了怪僻文风,转而创作平易自然,言之有物的文章。欧阳修也得偿宿愿,将韩愈之文发扬光大,将宋代的古文引入了健康发展的大道。

4. 权知开封

嘉祐三年六月,欧阳修被任命为龙图阁学士,权知开封府。此时的欧阳修体弱多病,已萌生退意,接到任命后,便递呈《辞开封府札子》陈述情由:

> 今者曲蒙圣慈误加选用,岂可苟避繁剧,辄希辞免?盖臣有不得已者,须至缕陈。臣自前岁已来,累有奏列,乞一外任差遣。盖以臣久患目疾,年齿渐衰,昏暗愈甚。又自今年春末,忽得风眩。昨于韩绛入学士院敕设日,众坐之中,遽然昏瞀,自后往往发动。缘臣所修《唐书》,已见次第,所以盘桓,欲俟书成,便乞补外。岂期圣造,委以治烦。臣素以文辞专学,治民临政既非所长,加以早衰多病,精力不强,窃虑旷官败事,上误圣知。兼所修《唐书》,不过三五月,可以毕手。置局多年,官吏拘留,糜耗供给,今已垂成。若别差人,转成稽滞;只委臣了毕,则恐无暇及之。欲望圣慈,矜臣衰病,才非所长。欲乞别选材能,许臣且仍旧职,候《唐书》成日,乞一外任差遣。以养衰残。今取进止。

札子中陈述了请辞的两条理由:一是身体多病;二是欲专心修撰《唐书》。由这篇札子可见出欧阳修也已萌生退意,只等《唐

书》修成，便欲乞求外任。请辞不成，只好走马上任。

北宋的开封，是全国政治经济中心，政务繁剧，皇亲国戚云集，人际关系盘根错节。前任知开封府的是名震京师的包拯，人称包龙图、包青天。包拯以威严著称，"贵戚宦官为之敛手，闻者皆惮之"。（《宋史·包拯传》）欧阳修上任后，不刻意更张，依旧推行宽简政治。有人替他担心，提醒他说："前任威名，震动都下，有古京兆尹之风采。而您接任以来，却没有令人耳目一新的举措，怎么办呢？"欧阳修回答道："人的材性各有短长，不能舍己之长，勉强其所短，来循欲邀誉。我只是尽我的所能，不能则止。"在欧阳修的宽简之治下，京师也治理得井井有条。

可是欧阳修的身体状况愈来愈差，加之他急于编修《唐书》，经常利用夜间埋头苦干，身体实在是吃不消了。更主要的原因是，经过多年的官场实践，欧阳修已知晓不可能在朝政上有多大作为，归意日浓，于是连上三道奏札，请求辞去开封府的职务，出知洪州。最终朝廷终于批准他辞去开封府事，但不同意他转知洪州，而是转给事中，同提举在京诸司库务。千古传唱的《秋声赋》便是作于这一时期，颇能反映欧阳修此时的心境，与他对世事人生的洞察。此赋以主客问答的形式，借对秋声的描绘，引发了对自然、人生的思考：

嗟乎！草木无情，有时飘零。人为动物，惟物之灵，百忧感其心，万事劳其形，有动乎中，必摇其精。而况思其力之所不及，忧其智之所不能，宜其渥然丹者为槁木，黟然黑者为星星；奈何以非金石之质，欲与草木而争荣！念谁为之戕贼，亦何恨乎秋声！

这篇赋传达了一位饱经忧患与世事沧桑的智者在他的人生之秋对自然之秋与生命意义与价值的深刻体察,虽有聪明睿智却又无力挣脱现实的无奈也充盈于笔端。从文章的写作上来看,将散文的笔法引入赋体,纵横开阖又流畅自然,情意深挚又体贴入微。

5. 痛失尧臣

嘉祐五年(1060)初夏,一场时疫在汴京蔓延,梅尧臣不幸感染了时疫,病情来势凶猛,竟一病不起,溘然长逝。欧阳修痛失挚友,不胜悲慨。梅尧臣一生官卑俸薄,骤然离世,家中老小无人照拂。欧阳修强忍悲痛,料理好友后事。一面上书朝廷,请求录梅尧臣之子梅增为官,一面发动同僚故旧,募捐财物。"其尤亲且旧者,相与聚而谋其后事,丞相以下,皆有以赙恤其家"。(《梅圣俞墓志铭》)欧阳修借助诗笔寄托对圣俞的哀思:

昔逢诗老伊水头,青衫白马渡伊流。滩声八节响石楼,坐中辞气凌清秋。一饮百盏不言休,酒酣思逸语更遒。河南丞相称贤侯,后车日载枚与邹。我年最少力方优,明珠白璧相报投。诗成希深拥鼻讴,师鲁卷舌藏戈矛。三十年间如转眸,屈指十九归山丘,凋零所余身百忧。晚登玉堰侍珠旒,诗老斋盐太学愁。乖离会合谓无由,此会天幸非人谋。颔须已白齿根浮,子年加我貌则不。欢犹可强闲屡偷,不觉岁月成淹留。文章落笔动九州,釜甑过午无馈馏。良时易失不早收,篚椟瓦砾遗琳璆。荐贤转石古所尤,此事有职非吾羞。命也难知理莫

求，名声赫赫掩诸幽。翩然素旐归一舟，送子有泪流如沟。(《哭圣俞》，《欧阳修全集》卷八)

在这首《哭圣俞》诗中，欧阳修满怀深情地追忆了当年在伊川与梅圣俞初识、订交，诗酒相和、豪情满怀的生活。三十年间，辗转飘泊，聚散离合，昔日同游之伴多已零落。圣俞诗名赫赫却一生沉沦下潦，郁郁不得志，而自己却无能为力，只能将这份无奈归之于天命。圣俞死后，欧阳修不胜伤悲，不仅做了这首诗，还写下了《祭梅圣俞文》与《梅圣俞墓志铭》来寄托哀思。在《祭梅圣俞文》中，欧阳修以纡徐柔缓的笔调将痛失好友的深哀巨痛传达出来：

昔始见子，伊川之上，余仕方初，子年亦壮。读书饮酒，握手相欢，谈辩锋出，贤豪满前。谓言仕宦，所至皆然，但当行乐，何有忧患？子去河南，余贬山峡，三十年间，乖离会合。晚被选擢，滥官朝廷，荐子学舍，吟哦六经。余才过分，可愧非荣；子虽穷厄，日有声名。余狷而刚，中遭多难，气血先耗，发须早变。子心宽易，在险如夷，年实加我，其颜不衰。谓子仁人，自宜多寿；余譬膏火，煎熬岂久？事今反此，理固难知，况于富贵，又可必期？念昔河南，同时一辈，零落之余，惟予子在。子又去我，余存无几。凡今之游，皆莫余先，纪行琢辞，子宜余责。送终恤孤，则有众力；惟声与泪，独出余臆。尚飨！

这篇祭文也是从对昔年伊川交游的美好回忆写起。当年的意气风发，三十年间的乖离会合，世事难以预料形成鲜明反差。中间部分通过二人性情、遭际的对比，抒发了对圣俞先自己而去的意外与伤悲。结尾处追想当年同游之辈只余一人，顾影自怜不胜伤感。

梅尧臣之死对于北宋诗坛来说也是个无可弥补的损失。欧阳修在《与祭君谟帖》中写道："近时苏、梅，二穷士耳，主张风雅，人士归之。自二穷士死，文士满朝，而使斯道寂寞。"圣俞死后，欧阳修"因索于其家，得其遗稿千余篇，并旧所藏，掇其尤者六百七十七篇，为一十五卷。"

同年七月，耗时十七年之久的新修《唐书》工程终于大功告成了。此项工程自庆历五年（1045）开始，其间人事更迭，最终写定，列传全出宋祁之手，而纪与志两部分由欧阳修审定完成。按照惯例，朝廷修书，虽参与者众多，但署名时往往只列书局中官职最高者。欧阳修官位最官，当署欧阳修之名。欧阳修说："宋公于列传，用功深且时日久，我不能掩其名，夺其功！"于是，纪、志、表署欧阳修名，列传署宋祁名。宋庠听闻此事后，感慨："自古文人好相凌掩，这样的事是前所未有的啊！"欧阳修此举，一时传为美谈。

6. 选登二府

嘉祐五年（1060）十一月，欧阳修拜枢密副使，同修枢密院时政记。第二年，又转户部侍郎，参知政事，并进官一等，进封开国公。治平元年（1064），特转吏部侍郎。第二年，进阶光禄大夫加上。治平四年（1067），神宗继位后，转尚书左丞依前参知政

事，进封特进（从一品，仅次于三公）。七八年间，选登二府，达到了从政生涯的顶峰。此时的欧阳修，虽然位隆官重，但是归隐之意时常萦绕其心头，见诸于笔端。如作于治平元年的《下直》诗：

> 宫柳街槐绿未齐，春阴不解宿云低。
> 轻寒漠漠侵驼褐，小雨班班作燕泥。
> 报国无功嗟已老，归田有约一何稽！
> 终当自驾柴车去，独结茅庐颍水西。

多年以前，欧阳修便与梅尧臣相约置田颍上，如今梅尧臣已然故去，自己归田的前约仍无法践行。此诗所反映的心境，已不复当初伊川时的意气风发、亦非庆历新政时的锐意进取。虽然如此，欧阳修依然在其位谋其政，为朝政建言献策，依然为国家举荐贤材。

欧阳修在官隆位重时期，在朝政大事上多所建言，对于稳定朝廷局势发挥了较大作用。先是仁宗立储之事。仁宗皇帝无子，且晚年多病，皇位由谁来继承是朝廷内外关注的头等大事。虽然范镇、司马光、富弼等大臣多次上疏，请立皇储，可仁宗皇帝迟迟不肯表态。欧阳修因水灾上疏皇帝，借汉文帝早立太子而享国长久，而唐明宗不肯早定储嗣事，致秦王之乱，宗社倾覆，劝谏皇帝早立储位。后来仁宗于嘉祐七年（1062）八月，正式立皇侄宗实为皇太子，赐名为曙，实得力于欧阳修与韩琦等人的力谏。

仁宗皇帝立储半年后暴崩。仓卒之间赵曙奉遗诏嗣位，是为英宗。英宗皇帝初登基，精神失常，语无伦次，无法主持朝政，

只好由曹太后垂帘听政。曹太后因循旧制，主张"祖宗法度不宜轻改"，英宗皇帝"志在有为"，于是母子之间不可避免地出现了矛盾与嫌隙。太监们又居中挑拨，搞得朝廷不安。韩琦与欧阳修从事斡旋，避免事态恶化。一日，韩琦向太后奏事，太后向韩琦哭诉皇帝过失。韩琦以皇帝"心神未宁""举动不中节"为由，太后听后不乐。欧阳修劝谏太后说："太后侍奉仁宗数十年，仁圣之德，布于天下。妇人的天性，很少有不嫉妒的。当年温成恃宠骄纵，太后尚且能顾全大局，克己忍让；如今母子之间，反倒不能容忍了吗？"太后听后说："你们知道就好。"欧阳修又进言说："这些事不只我们知道，朝廷内外没有不知道的。"欧阳修趁机又劝谏道："仁宗皇帝在位时间久，人们被其德泽，无不信服。因此，晏驾之后，天下能禀承遗命，拥戴新主，无人敢持异议。如今太后深居宫闱，我们五六个大臣，如果所作的事不是仁宗遗意的话，谁肯听从！"太后深以为然。欧阳修的劝谏，彻底打消了太后欲废帝他立的念头。应该说，欧阳修在仁宗皇帝立储之事与新君即位初期稳定朝政上发挥了应有的作用。

治平元年，英宗亲政，结束了垂帘听政。治平二年，英宗诏礼官及待制以上官员，详议崇奉濮王的典礼。濮王是英宗的生父，应该追尊什么封号，是否有别于宗室已故诸王，这涉及了儒家礼制，在宋代崇儒守礼的政体是一件至关重要的大事。从礼法角度而言，英宗既已嗣位仁宗，那么他与濮王之间便是君臣，不是父子；但从情感角度而言，英宗皇帝显然不愿意遵从礼法，不然也就无详议尊号之必要了。诏令下达后，以知谏院司马光为首、翰林学士王珪、侍御史吕诲、范纯仁，监察御史吕大防等台谏派主张，英宗皇帝继承大统取决于仁宗皇帝，为"先帝之子"。而濮安

懿王虽然是英宗的亲生父亲，应称为皇伯，崇奉的典礼也只能是"宜准先朝封赠期亲尊属故事，高官大国，极其尊荣：谯国、襄国太夫人、仙游县君亦改封大国太夫人"。他们依据的理由是《传》曰："国无二君，家无二尊"，"濮王于仁宗为兄，于皇帝宜称皇伯而不名。"韩琦、欧阳修等人不同意司马光、王珪等人的观点，认为"出继之子于所继、所生父母皆称父母，而古今典礼无改称皇伯之文"（欧阳修《濮议一》），英宗应称濮王为皇考。两派之间，展开一场旷日持久的濮议之争。

濮议，实则是一场关乎封建伦理纲常的论争。持不同意见的双方各自引经据典，言之有理，持之有故。由于论辩双方有着不同的政治背景，于是论争逐渐升级，互相攻讦弹劾。欧阳修又一次卷入漩涡的中心。欧阳修在《濮议序》中记述了这场论争的始末原由：

> 方濮议之兴也，儒学奋笔而论，台谏廷立而争，闾巷族谈而议，是举国之人皆以为父可绝矣，世又无夷、齐以抗之。虽然，赖天子圣明仁孝，不惑群议，据经酌礼，置园立庙，不绝父子之恩，以为万世法，是先帝之明也。今士大夫达于礼义者，涣然释其疑，盖十八九矣，固不待夷、齐饿死，孔子复生，而后明也。然有不可不记者，小人之诬罔也。盖自汉以来，议事者何尝不立同异。而濮园之议，皆当世儒臣学士之贤者，特以为人后之礼，世俗废久，卒然不暇深究其精微，而一议之失，出于无情，未足害其贤。惟三数任言职之臣，挟以他事，发于愤恨，厚诬朝廷而归恶人主，借为奇货以买名。而

世之人不原其心迹，不辨其诬罔，翕然称以为忠，使先帝之志郁郁不明于后世，此臣子之罪也。臣得与其事，而知其详者，故不得已而述焉。

这场濮议之争波及面十分广泛，在朝堂上分为以欧阳修为代表的坚持儒学的一派与台谏派的论争，在民间也引起了广泛的讨论。欧阳修等儒学一派坚持"臣不得伐其君，子不得绝其父"的常理；而台谏派则持反对意见，又挟杂了不同政见，导至这场论争上升一场互相攻讦的政治斗争。

治平三年（1066），吕诲与范纯仁、吕大防联名上疏，弹劾欧阳修：

豺狼当路，击逐宜先；奸邪在朝，弹劾敢后？伏见参知政事欧阳修，首开邪议，妄引经据，以枉道悦人主，以近利负先帝，欲累濮王以不正之号，将隐陛下于过举之讥，朝论骇闻，天下失望，政典之所不赦，人神之所共弃！（《续资治通鉴长编》引）

正当两派相持不下时，朝廷颁发了曹太后的手书，诏曰：

吾闻群臣议请皇帝封崇濮安懿王，至今未见施行。吾再阅前史，乃知自有故事。濮安懿王、谯国太夫人王氏、襄国太夫人韩氏、仙游县君任氏，可令皇帝称亲；仍尊濮安懿王为濮安懿皇，谯国、襄国、仙游并称后。（《续资治通鉴长编》引）

曹太后的手诏一出，英宗立即下诏谦让，不受尊号，只称"亲"，即园立庙，以王子宗朴为濮国公，奉祠事。台谏派"以所论奏不见听用，缴纳御史敕告，家居待罪"，以示抗议。皇帝多次挽留，吕诲等坚辞不受，与执政大臣势不两立。英宗皇帝犹豫再三，只得贬黜台谏官。这场持续十八个月的濮议之争终于平息，但是它对欧阳修产生的影响还远未结束。

欧阳修一生于举荐人材、奖掖后进方面不遗余力，在他晚年德高位隆之时，更是如此。嘉祐五年（1060），朝廷决定来年举行制科考试。"制科"是由皇帝特别下诏并亲自主持、为选拔非常人才而特设的一种考试。制科有一套严格的程式，须由两名朝廷重臣举荐，同时被荐者者还要呈上所作的五十篇文章，再经过学士院的严格审查与考试，合格者才有资格参加御试。因此，能在制科中被录取当是凤毛麟角，其荣耀远超进士及第。两宋时期，共开制科二十二次，入等者才四十一人。

朝命一下达，欧阳修便想到了苏轼兄弟，于是与天章阁待制杨畋相约，分别举荐苏轼、苏辙应材识兼茂明于体用科。在《举苏轼应制科状》中，欧阳修说：

> 伏见新授河南府福昌县主簿苏轼，学问通博，资识明敏，文采烂然，论议蠭出，其行业修饬，名声甚远。臣今保举，堪应材识兼茂明于体用科。

苏轼、苏辙兄弟顺利通过了学士院的审察，第二年八月，应"贤良方正能直言极谏科"，苏轼荣膺榜首，被录为三等，苏辙也

考入第四等。宋代制科一等、二等皆虚设，三等也是史无前例。

欧阳修还举荐章望之、曾巩、王回等参加馆阁考试，又推荐年过半百的苏洵，得以免试任命为试校书郎，在朝廷参与《太常因革礼》的修撰。早在至和、嘉祐之间，苏洵携二子苏轼与苏辙至京师，当时作翰林学士的欧阳修看了他所著的二十二篇文章后，献给朝廷。苏洵一时之间名动京城，公卿士大夫们争相传阅他的文章。欧阳修对此盛况作了如此描绘："眉山在西南数千里外，一日父子隐然名动京师，而苏氏文章遂擅天下。"（《故霸州文安县主簿苏君墓志铭》）苏氏父子的名动京师，欧阳修功不可没。他爱重苏氏父子的文才，对他们屡屡提携引荐。苏氏父子对欧阳修也是感恩戴德，情意深重。苏洵晚年常常感叹："知我者，惟吾父与欧阳公也。"（《故霸州文安县主簿苏君墓志铭》）欧阳修去世后，苏轼作祭文，苏辙作神道碑，满怀深情地追忆了欧阳修对他们父子三人的赏识与提携，文辞中饱含着对欧阳修的无限感激与怀念。

7. 飞语中伤

治平四年（1067），英宗皇帝崩，神宗皇帝即位。这一年，欧阳修61岁。迟暮之年的欧阳修，又一次成为政敌们攻击的目标，蒙受谣言的恶意中伤与诋毁。自"濮议"结束后，"后来者以风宪不胜为耻，窥伺愈急"。（韩琦《欧阳公墓志铭》）他们处心积虑地伺机报复欧阳修。恰好欧阳夫人的堂弟薛宗孺在任水部郎中时荐举的崔峄因贪赃枉法被拘捕，薛宗孺坐举官不当被弹劾。欧阳修不仅没有出面替他说好话，反而表态不可因他是自己的亲戚而宽免。薛宗孺罢官后，怀恨在心，到处扬言："欧阳公有帷薄

之丑。"污蔑欧阳修与长媳吴氏关系暧昧。谣言传到与欧阳修素有仇怨的集贤校理刘瑾那里,刘瑾又添油加醋,传告监察御史中丞彭思永。彭思永又传告下属蒋之奇。蒋之奇是嘉祐二年进士,治平二年应制科不入等,此时恰逢"濮议之争"如火如荼之际,蒋之奇附和欧阳修之议,由此得到欧阳修的赏识与推荐,被任命为监察御史里行。蒋之奇为撇清与欧阳修的牵连,当听到这个传言后,连夜写下弹劾的奏章。神宗皇帝并不相信,责之以"大事不放言,而抉人闺门之私"。蒋之奇引彭思永作证,彭思永向神宗皇帝进言:"以阴讼治大世诚难,然修首议濮园事犯众怒。"显然,彭思永是欲借此事为台谏派加害欧阳修寻找口实。于是,神宗将蒋之奇、彭思永的奏章转给了枢密院。欧阳修得知这一情况后,气愤不已。连上奏札请朝廷明辨是非,作出公正裁决:"臣忝荷国恩,备员政府,横被污辱,情实难堪。虽圣明洞照,察臣非辜,而中外传闻,不可家至而户晓。欲望圣慈解臣重任,以之奇所奏出付外庭,公行推究,以辨虚实,显示多方。"欧阳修之意很明显,请求皇上解除自己的职备,将蒋之奇的弹劾交付外庭来彻底审责,以证清白,可是未见施行。于是,第二天,欧阳修又进《再乞根究蒋之奇弹疏札子》反复申述:

> 臣昨日曾有奏陈,为台官蒋之奇诬奏臣以家私事,乞以之奇所奏出付外庭,公行推究,以辨虚实,未蒙降出施行。臣夙夕思维,之奇诬罔臣者,乃是禽兽不为之丑行,天地不容之大恶。臣若有之,万死不足以塞责;臣若无之,岂得含胡隐忍,不乞辨明?伏况陛下圣政惟新,万方幽远,咸仰朝廷至公,不为辨曲直。而臣身为

近臣，悉列政府。今之奇所诬臣之事，苟有之，是犯天下之大恶；无之，是负天下之至冤。犯大恶而不诛，负至冤而不雪，则上累圣政，其体不细。由是言之，则朝廷亦不可含胡，不为臣辨明也。大抵小人欲中伤人者，必以暧昧之事，贵于难明，易为诬污。然而欲以无根之谤绝无形迹，便可加人，则人谁不可诬人？人谁能自保？欲望圣慈特选公正之臣为臣辨理，先赐诘问之奇所言。是臣闺门内事，之奇所得，必有从来，因何彰败，必有踪迹。据其所指，便可推寻，尽理根穷，必见虚实。若实，则臣甘从斧钺；若虚，则朝廷典法必有所归。如允臣所请，乞以臣札子并蒋之奇所奏，降出施行。

在札子中，欧阳修有理有据，恳请皇帝将此事交由外庭查处。神宗皇帝将此事密问天章阁待制孙思恭。孙思恭极力解救，神宗皇帝批付中书，令彭思永、蒋之奇说出传闻所自。彭思永不说得自同乡刘瑾之口，只称："出于风闻，年老昏缪，不能记主名"，并以"法许御史风闻言事"为由，拒不供出飞语来源。神宗皇帝也想不予深究。欧阳修决不肯含胡了事，又连上三道札子，请求彻查。尤其在《封进批出蒋之奇文字札子》中更是严正指出：

臣以拙直，受恩两朝，惟以至公之心为报国之效，凡于亲旧，不敢有纤介阿私。是致怨怒臣深者，造为飞语，诬臣以家私阴事，是人伦之大恶，所以语骇人听，易于传布。窃以言事之臣，谓之天子耳目之官，本期裨益聪明。若闻外有怨家仇人造作飞语，中伤执政之臣，

正当奋然嫉恶，为臣根穷起谤之人，辨别虚实，明其诬罔，使后凶人不敢陷害良善，以彰朝廷之明。此乃言事职。今思永心知事无实状，而不能为臣辨明，反碌碌随众，腾口摇舌。蒋之奇专用怨仇人飞语，便以虚为实，上惑圣听。乃至朝廷再三诘问，须要事实，则各不能明指一人之言，明陈一事之据。思永既云无实状，则知虚妄可知。之奇则饰游辞，谓风闻于众。且台官虽许风闻，而朝廷行事，岂可不辨虚实？大凡可骇之语，易于传布。假如怨仇之人有诬大臣以判逆不道者，飞语一出，则必腾口相传，岂可便以传闻之众，致大臣族诛？……之奇言臣死罪，未明虚实，岂可含胡？伏乞朝廷以至公之明，必为分别。今事理穷尽，止于两端，不过虚与实而已。实则臣当死，虚则之奇安得无罪？使事实而臣不死，不足以显之奇之言；使事虚不罪之奇，不足以雪臣之冤枉。臣非敢固惜名位，不自引去，但以冤若不得雪，则身是罪人，朝廷自当行法，岂容臣自引退？若虚，则幸望朝廷辨别分明，使中外之人知臣无罪，然后可以容臣自陈引去。臣初乞朝廷差官根究虚实，故当乞解权任以避嫌，今既蒙朝廷直行诘问，故臣合杜门俟命。乞不留中，降出施行。

欧阳修先是针对言官可风闻言事发表见解，认为言官作为天子耳目，当辨明是非虚实，使凶人不敢谗害忠良。接着指明："且台官虽许风闻，而朝廷行事，岂可不辨虚实？"有理有据乞求朝廷必须辨明虚实，不能含混。面对现实，朝廷必须查明飞语是

否属实，若属实，则自己当伏死罪；若属虚，那么就要定蒋之奇的造谣中伤之罪，洗刷冤枉。

之后，欧阳修又连上两道札子，最终神宗皇帝亲自过问，终将彭思永、蒋之奇一起降黜，贬逐出朝，并且出榜朝堂，使中外皆知飞语之虚妄。神宗皇帝又劝谕欧阳修："今日已令降黜，仍出榜朝堂，使中外知其虚妄。事理既明，人疑亦释，卿宜起视事如初，无恤前言！"

经历了这场风波之后，欧阳修进行了深刻地反思，他意识到正是由于自己生性耿直，不避险难，而在位时间久，积怨过多才导致这场恶意造谣诽谤。他向皇帝呈上了《又乞外郡第一札子》。在这篇札子中，欧阳修对皇帝表明心迹："若使臣顿然变节，勉学牢笼小人以弭怨谤，非惟臣所不能，亦非陛下所以任臣之意。若使臣复居于位，只如前日所为，则臣恐怨家仇人以臣不去，必须更为朝廷生事，臣亦终不能安。"欧阳修从朝政大局出发，为免朝廷再生事端，不愿复居原位。欧阳修又以身体不佳为由，请乞外郡："况臣一二年来，累为言者攻击，心志摧沮，加以衰病所侵，两目昏暗，四支骨立。顾身已如此，而人情又如此，亦复何心贪冒荣宠？"此时的欧阳修，已是心力交瘁，不愿再置身漩涡当中。他连上六表，乞请外郡。终于，神宗皇帝允许，以观文殿学士转刑部尚书的头衔出知亳州（今属安徽）。

8. 致仕归颍

欧阳修在赴亳途中，请准便道路过颍州，稍事停留。他修葺旧居，为致仕作好准备。在颍期间，欧阳修写有《再至汝阴三绝》：

黄栗留鸣桑葚美，紫樱桃熟麦风凉。朱轮昔愧无遗爱，白首重来似故乡。

　　十载荣华贪国宠，一生忧患损天真。颍人莫怪归来晚，新向君前乞得身。

　　水味甘于大明井，鱼肥恰似新开湖。十四五年劳梦寐，此时才得少踟蹰。

归田之意和对颍州的眷恋深情充盈于诗句的字里行间。早在皇祐二年欧阳修四十四岁时，便已与梅圣俞相约买田于颍上。后丁母忧，服除还朝，入翰林为学士，归颍之志未尝一日忘怀。曾作诗曰："乞身当及强健时，顾我蹉跎已衰老。"后又选登二府，历仕三朝，又蒙飞语中伤，乞任外郡，得以归颍，欧阳修的心情当是百感交集。此时的欧阳修一心只想早些致仕归颍，践行他年之愿。

赴亳上任后，欧阳修呈上《亳州谢上表》，归田之意益坚：

　　伏念臣章句腐儒之学也，岂足经邦；斗筲小器之量也，宁堪大用？而叨尘二府，首尾八年。荷三朝之误知，罄一心而尽瘁。若乃枢机宜慎，而见事辄言；陷阱当前，而横身不避。窃寻前载，未有能全。一昨怨出仇家，构为死祸。造谤于下者，初若含沙之射影，但期阴以中人；宣言于廷者，遂肆鸣枭之恶音，孰不闻而掩耳？赖圣神之在上，廓日月之至明，悉究诬诬，遂投谗贼。再念臣性实甚愚，而疏于接物，事多轻信者，盖以至诚。如彼

匪人，失于泛爱。平居握手，惟其道义之交；延誉当朝，常丐齿牙之论。而未乾荐祢之墨，已弯射羿之弓。知士其难，世必以臣为戒；常情共恶，人将不食其余。而臣与游既昧于择贤，持满不思于将覆，自贻祸釁，几至颠隮。上烦睿圣之保全，得完名节于终始。洎恩辞于重任，尤深恻于皇慈。

此表言辞恳切，归意坚决。欧阳修在经历了蒋之奇之流的诬谤之后，心志俱灰，更坚定了他归田的决心。一年后，欧阳修又多次上表、札子，乞求致仕，神宗皇帝不仅不允许，反而移委要藩。熙宁元年（1068）八月，转兵部尚书，改知青州，充京东东路安抚使。欧阳修进退惶惑，在《辞免青州第二札子》中，他说："今则忽被新恩，有此迁擢，乃是臣乞退休而得秩，方称疾而领要任。则臣向所陈请，矫激欺诈以要恩宠之罪，何以自逃？"欧阳修担忧的是如果接受新命，自己会有"矫激欺诈以邀恩宠"之嫌。如果一再请辞的话，又有"稽违君命、烦言屡黩之罪"。两者相较，后者为轻。只好勉强赴任。此时，欧阳修不仅心志俱灰，身体的衰弱疾病，也实在是让他无意再承担更重的职责了。一年后，欧阳修又两上札子，以"年日加老，病日加深。睛瞳气晕，侵蚀几尽；脚膝瘦细，行步艰难"为由，希望到寿州这个闲僻的去处任职，又未能如愿。

此时，全国范围内正在推行王安石的变法新政。起初，欧阳修并未发表任何意见。直至熙宁三年（1070）正月，青苗法颁布并强制推行。青苗法是王安石变法的一项重要内容。针对青黄不接时，豪强之家乘人之危发放高利贷牟利，旨在剥夺豪强之家的

放贷权，由农民向官府贷款来度过饥荒。待到秋收时，再归还本息，利息统一规定为百分之二十。可是在施行的过程中，由原本的贷款自愿，变成了强制性分配，地方官员为了多取利钱，甚至还附加了名目繁多的种种勒索。本来以利民为初衷的法律，变成了对农民的一种剥夺。一向同情民生疾苦的欧阳修于三月奏上《言青苗钱第一札子》，对青苗法的实行提出建议，结果石沉大海，杳无音信。五月，青州境内发放的"夏料表苗钱"还无一户偿还，按照朝廷命令，"秋料青苗钱"又该发放了。欧阳修奏上《言青苗第二札子》，再次对青苗法提出异议，请朝廷允许停发"秋料青苗钱"。他不等朝廷批复，便擅自命令京东东路各州军停止发放"秋料青苗钱"。出乎意料的是，朝廷对他从轻发落。又于熙宁三年四月，任命他为检校太保、宣徽南院使、判太原府、河东路经略安抚监牧使兼并代泽潞府岚石路兵马都总管。欧阳修不以为喜，连呈了六道《辞宣徽使判太原府札子》请辞。在第六道札子中，欧阳修陈述了三点理由："义所难安，一也；精力已衰，二也；用非所学，三也。"欧阳修的这番肺腑之言，终于得到神宗首肯，追还新命，复为观文殿学士差知蔡州（今河南汝南）军州事。在赴蔡途中，欧阳修又在颍州逗留了一个多月，写下《六一居士传》。这篇自传用主客问答的形式，道出了"六一"的具体内涵：

  六一居士初谪滁山，自号醉翁。既老而衰且病，将退休于颍水之上，则又更号六一居士。客有问曰："六一何谓也？"居士曰："吾家藏书一万卷，集录三代以来金石遗文一千卷，有琴一张，有棋一局，而常置酒一壶。"客曰："是为五一尔，奈何？"居士曰："以吾一

翁老于此五物之间，是岂不为六一乎？"

这篇传可以说是欧阳修晚年心态的集中体现，官场的政治风云于他已了不挂心，所在意的是读书、集录、弹琴、弈棋、饮酒，别无他求。

在蔡州任上半年后，欧阳修又屡呈表札，请求提前致仕。对于欧阳修请求提前致仕的原因，有的说是因于王安石政见不合，对熙宁变法有异议。其实欧阳修早在熙宁变法前便已有归田之志。在身罹飞语中伤之后，意图晚节自保，加之身体每况愈下，归意更加坚决而已。苏轼在《贺欧阳少师致仕启》中说："轼受知最深，闻道有自。虽外为天下惜老成之去，而私喜明哲得保身之全。"可见，欧阳修提前致仕，是怕政敌在朝廷生事，出于保全晚节的考虑。在《蔡州再乞致仕第二札子》中，欧阳修称："臣自熙宁元年，初有陈乞，迨今四年之间，凡八上表章，五具札子。"频频上表请求致仕。在此表结尾处，欧阳修说："而臣若蒙哀怜，得遂其请，则上不损朝廷之体，下不失优幸之恩，而又窃知止之名，为一时之佳事，则臣之受赐者多矣。"终于，神宗皇帝特恩准许，于熙宁四年（1071）六月，欧阳修以太子少师、依前观文殿学士致仕。

欧阳修终于如愿回到了令他魂牵梦绕的颍州。西湖的美丽风光给宦海沉浮多年的欧阳修带来了几许宁静，虽然迟了几年，但终于得践前言，让欧阳修颇感欣慰。在《寄韩子华》诗的序言中，欧阳修说：

余与韩子华、长文、禹玉同直玉堂，尝约五十八岁

致仕，子华书于柱上。其后荐蒙恩宠，世故多艰，历仕三朝，备位二府，已过限七年，方能乞身归老。俗谚云："也卖弄得过里。"

欧阳修遥想当初相约五十八岁致仕，直到六十五岁才得偿夙愿，其间多历艰难，总算归于平静。此诗中言：

> 人事从来无处定，世途多故践言难。谁如颍水闲居士，十顷西湖一钓竿。

归颍后的欧阳修过着平静的生活，但是身体的病痛还时常困扰着他。在《与颜直讲书》中，他叙述了自己归颍后的生活状况：

> 某兹者得请归老，恩出万幸。惟所苦渴淋，自春发作，经此暑毒尤甚。盖以累年之疾，势不易平，然自此安闲，冀渐调养尔。两目昏甚，艰于执卷，顾难销暑景。又亲朋之会，邈不可期，恐遂不闻道义，默默寖为庸人尔。残暑，加爱。

此时的欧阳修身受消渴症的折磨，自春及夏，尤为严重。欧阳修盼望着能与友人相会，谈诗论文，切磋学问。在另外一封给颜直讲的书信中他也提及："惟乍还里闲，人事少劳，而旧苦目、足之疾，得秋增甚。旧书编稿未经一二君商榷，今遂复田亩，会见无期，此为恨尔。"此时的欧阳修，一方面承受着身体的病痛，一方面又因编订文集，不能与同道商榷为憾。

欧阳修

九月，苏轼与苏辙兄弟的到访足以宽慰欧阳修孤寂的心灵。这两位经他一手提携举荐成长起来的文学新秀，如今也饱经世患。对于苏轼，欧阳修寄以厚望：未来文坛的领军人物非苏轼莫属。他们兴致勃勃的游览西湖，饮酒作诗，谈文论艺。有苏轼所作《陪欧阳公燕西湖》为证：

> 谓公方壮须似雪，谓公已老光浮颊。
> 揭来湖上饮美酒，醉后剧谈犹激烈。
> 湖边草木新着霜，芙蓉晚菊争煌煌。
> 插花起舞为公寿，公言百岁如风狂。
> 赤松共游也不恶，谁能忍饥啖仙药。
> 已将寿夭付天公，彼徒辛苦吾差乐。
> 城上乌栖暮霭生，银釭画烛照湖明。
> 不辞歌诗劝公饮，坐无桓伊能抚筝。

与苏轼兄弟一起饮酒赋诗，令欧阳修神采焕发，衰老的面容顿现光彩。欧阳修以达观的态度对待生死寿夭，以平淡闲适的心静度过晚年。

送别苏轼兄弟，欧阳修在著述、游湖、琴棋自适中度过光阴。一天，接到老友赵概的来信。相约春暖花开之际，当驾舟前来拜访。欧阳修非常兴奋，怀着无比喜悦的心情回信：

> 所承宠谕，春首命驾见访，此自山阴访戴之后，数百年间未有此盛事。一日，公能发于乘兴，遂振高风，使衰病翁因得附托，垂名后世以继前贤，其幸其荣，可

胜道哉！（《与赵康靖公叔平》其九）

欧阳修将赵概的来访，比作山阴访戴。山阴访戴见于《世说新语》的记载：

> 王子猷居山阴，夜大雪，眠觉，开室命酌酒，四望皎然，因起彷徨，咏左思《招隐诗》。忽忆戴安道，时戴在剡，即便夜乘小船就之，经宿方至，造门前而返。人问其故，王曰："吾本乘兴而行，兴尽而返，何必见戴？"

王子猷居于山阴，一夜大雪，醒来，开窗饮酒欣赏雪景，四望洁白一片，于是起舞咏左思的《招隐诗》。忽然想起友人戴安道，于是便连夜乘坐小船去拜访，走了一夜才到，可是到了门前又返回。人们问其原因，王子猷回答说："我本来是乘兴而来，如今兴尽了就返回，为什么一定要见戴呢？"这个故事，常常用来说明魏晋名士的率性自然。赵概已年近八旬，千里访友，其豪迈不亚于当年的王子猷，令欧阳修感佩不已。

熙宁五年（1072）三月，赵概如约来访。欧阳修热情款待，当时翰林学士、知颍州吕公著也应邀前来。席间吕公著建议将欧阳修所居西堂命名为"会老堂"。欧阳修乘兴作《会老堂致语》：

> 某闻安车以适四方，礼典虽存于往制；命驾而之千里，交情罕见于今人。伏惟致政少师一德元臣，三朝宿望。挺立始终之节，从容进退之宜。谓青衫早并于俊游，

欧阳修

白首各谐于归老。已释轩裳之累,却寻鸡黍之期。远无惮于川涂,信不渝于风雨。幸会北堂之学士,方为东道之主人。遂令颍水之滨,复见德星之聚。里闾拭目,觉陋巷以生光;风义耸闻,为一时之盛事。敢陈口号,上赞清欢:

欲知盛集继荀陈,请看当筵主与宾。金马玉堂三学士,清风明月两闲人。红芳已尽莺犹啭,青杏初尝酒正醇。美景难并良会少,乘欢举白莫辞频。

欧阳修与赵概同朝共事多年,二人起初并无深交。但在庆历中,欧阳修身陷"盗甥案",蒙受不白之冤之时,唯独赵概挺身而出,仗义执言,为之辨诬昭雪。此后,两人之间交情日笃。退休后,赵概前来,两人聚首,自是感慨万千。在《会老堂》诗中,欧阳修写道:

古来交道愧难终,此会今时岂易逢?
出处三朝俱白首,凋零万木见青松。
公能不远来千里,我病犹堪醋一钟。
已胜山阴空兴尽,且留归驾为从容。

赵概的千里来访,的确令欧阳修深受感动。在波谲云诡的政坛收获这样深厚的友谊实属难得。赵概的深情厚谊远非当年王子猷雪夜访戴可比。赵概此举对于矫正浇薄的世风也有一定意义,在当时的士大夫中间,一时传为佳话。韩琦、苏轼、苏辙等都赋诗揄扬此事。

送别好友后，欧阳修继续埋首整理旧稿。为了不使自己的作品贻误后人，欧阳修反复认真审阅、修改自己的旧作，"往往一篇至数十过，有累日去取不能决者"（马端临《文献通考·经籍考》）。沈作喆《寓简》卷八记载：

> 欧阳公晚年，尝自窜定平生所为文，用思甚苦。其夫人止之曰："何自苦如此，当畏先生嗔耶？"公笑曰："不畏先生嗔，却怕后生笑。"

七月，《居士集》五十卷终于编定。然而，欧阳修的生命也即将走到尽头。闰七月，欧阳修旧疾并发，卧床不起。临终前，他将儿子们叫到床前，平静地交待后事，请韩琦为其撰写墓志铭。

熙宁五年（1072）闰七月二十三日，欧阳修病逝于颍州，享年六十六岁。讣闻传出，天子震悼。韩琦、范镇、曾巩、王安石、苏轼等故旧、门生纷纷撰文寄托哀悼。熙宁五年（1072）八月十一日，欧阳修被赠予太子太师之职。熙宁七年（1074），谥号"文忠"。熙宁八年九月二十六日，葬于开封府新郑县旌贤乡。

欧阳修一生著述丰富。今存《欧阳文忠公集》一百五十三卷，另附录五卷。经学著作《诗本义》十六卷；史学著作有《新五代史》七十四卷，《新唐书》中的《本纪》十卷，《志》五十卷等。为后人留下了宝贵的文化财富。

二、欧阳修的经学观

自汉武帝"罢黜百家，独尊儒术"，儒学成为中国封建社会的正统学术。经书作为儒家的典籍成为政治与学术上的权威。经学也应运而生，成为学者、儒者学习和专研的主要对象。中国经学的发展，在我国大体经历了三个阶段，即汉唐经学、宋元明经学和清代经学。汉唐经学注重经典与名物训诂。唐代《五经正义》编定并颁之天下，这在经学领域有集大成的意味，反映了当时经学发展的最高水平。后来者对汉人所撰的经书传、注不得轻议，这不仅限制了人们的思考，也桎梏了经学的发展。宋初经学大体沿袭汉唐章句注疏之学。皮锡瑞在《经学历史》中指出："经学自唐以至宋初，已陵夷衰微矣。然笃守古义，无取新奇，各承师传，不凭胸臆，犹汉唐注疏之遗也。"虽然官方的科举考试中仍要求谨守汉唐章句之学，但是一股疑古创新的势头已悄然兴起。北宋儒学复兴运动与古文运动的开山人物柳开便已开始抛弃注疏之学，倡导义理之学。他在自传《补亡先生传》中说："先生又以诸家传、解、笺、注于经者多未达穷其义理，常曰：'吾他日终悉别为注解矣。'"再如胡瑗也对章句注疏之学持批判态度，认为"章句细碎，不足道也。"长于欧阳修十六岁的孙复也是得风气之先

的人物。欧阳修在《孙明复先生墓志铭》中评价其经学上的贡献：

> 先生治《春秋》，不惑传注，不为曲说以乱经。其言简易，明于诸侯大夫功罪，以考时之盛衰，而推见王道之治乱，得于经之本义为多。

在北宋疑古惑经思潮中，欧阳修是一位重要的代表人物。朱熹曾评价说：

> 旧来儒者不越注疏而已，至永叔（欧阳修）、原父（刘敞）、孙明复（复）诸公，始自出议论，如李泰伯（觏）文字亦自好。此是运数将开，理义渐欲复明于世故也。

经欧阳修、刘敞、孙复等人的努力，北宋经学在冲破汉唐注疏，倡导义理方面迈出了坚实的步伐。

欧阳修的经学观可以概括为"信经疑传"。在《春秋论》中，欧阳修对学者"舍经而从传"、"不信孔子而信三子"的现象指出质疑：

> 孔子，圣人也，万世取信，一人而已。若公羊高、谷梁赤、左氏三子者，博学而多闻矣，其传不能无失者也。孔子之于经，三子之于传，有所不同，则学者宁舍经而从传，不信孔子而信三子，甚哉其惑也！

欧阳修

欧阳修的理由很易理解，孔子，是圣人，为万世所取信。而三传不能没有偏差，可是当传与经不同时，学者们却舍经而从传，这不是被传所迷惑了吗？欧阳修又深入地分析了产生这种现象的原因：

其舍经而从传者何哉？经简而直，传新而奇，简直无悦耳之言，而新奇多可喜之论，是以学者乐闻而易惑也。予非敢曰不惑，然信于孔子而笃者也。经之所书，予所信也；经所不言，予不知也。

欧阳修认为学者们之所以"舍经而从传"在于经比较简单直接，而传新奇悦耳，于是学者乐意闻传而易于被惑。欧阳修对经传的态度便是笃信孔子与经书，对于经书所不言的，则阙如。

对于传，欧阳修虽疑，但并不主张废传。在《春秋或问》中，他指出：

或问："子于隐摄，盾、止之弑，据经而废传。经简矣，待传而详，可废乎？"曰："吾岂尽废之乎？夫传之于经勤矣，其述经之事，时有赖其详焉，至其失传，则不胜其戾也。其述经之意，亦时有得焉，及其失也，欲大圣人而反小之，欲尊经而反卑之。取其详而得者，废其失者，可也；嘉其尊大之心，可也；信其卑小之说，不可也。"问者曰："传有所废，则经有所不通，奈何？"曰："经不待传而能通者十七八，因传而惑者十五六。日月，万物皆仰，然不为盲者明，而有物蔽之者，亦不

得见也。圣人之意皎然乎经，惟明者见之，不为他说蔽者见之也。"

欧阳修认为传在某些地方还是经文的有益补充，经文借传而更加详尽。因此，对传的态度是不尽废，"取其详而得者，废其失者"。对于废传之后，经义会有所不通的质疑，欧阳修回答说：经不依赖传而能通者占十之七八，因传而更加迷惑的占十之五六。并举日月之例为证，虽然万物都仰仗日月之光辉，但是，日月不会为盲者照明，如果有物遮蔽也会见不到日月的光明。圣人之意在经书里明明白白地展示着，但是只有明了经义的人才会见到圣人之意，不为传说蒙蔽的人才会见到圣人之本意。这就对学者提出了要求，首先要做个"明者"，能自通经义，不被传说所惑，才能真正知晓经书之义与圣人之意。

欧阳修以辩证的态度来对待传，既不全废，也不尽信。这在《诗谱补亡后序》中可见出：

欧阳子曰：昔者圣人已殁，六经之道几熄于战国，而焚弃于秦。自汉已来，收拾亡逸，发明遗义，而正其讹缪，得以粗备，传于今者岂一人之力哉！后之学者因迹前世之所传，而较其得失，或有之矣。若使徒抱焚余残脱之经，伥伥于去圣千百年后，不见先儒中间之说，而欲特立一家之学者，果有能哉？吾未之信也。然则先儒之论，苟非详其终始而抵牾，质于圣人而悖理害经之甚，有不得已而后改易者，何必徒为异论以相訾也。

欧阳修

欧阳修阐明完全舍传而守残经的态度是不可取的，因为圣人已殁，圣人之书历经战乱与秦火，已有散落，须赖先儒之论以解经；另外，先儒之论也不可尽信，如有悖理害经之处，也需改易，不必以"徒为异论"相訾。欧阳修认为《诗经》毛传与郑玄《诗谱》与经本身多有不合之处，但他不敢"轻为改易"：

予疑毛、郑之失既多，然不敢轻为改易者，意其为说不止于笺、传，而恨已不得尽见二家之书，未能遍通其旨。夫不尽见其书而欲折其是非，犹不尽人之辞而欲断其讼之曲直，其能果于自决乎？其能使之必服乎？

因为不能尽见毛、郑二家之书，未能做到"遍能其旨"，所以不敢轻易改动二家之论。显然，欧阳修虽然疑传，但还是以实事求是、审慎的态度对待传。

欧阳修"信经疑传"的态度必然带来治经方法上的改变。既然传不可尽信，那么就要求学者直面经书本身，去探求圣人之意。然而距圣人之时代已遥远，圣人之意是否能探寻？又该如何去探寻呢？欧阳修显然认为圣人之意是可以探寻的，因为，圣人著书以道人之情："六经之所载，皆人事之切于世者，是以言之甚详。"（《答李诩第二书》，《欧阳修全集》卷四十七）欧阳修认为："若乃上揆之天意，下质诸人情，推至隐以探万事之元，垂将来以立一王之法者，莫近于《春秋》矣。"（《石鹢论》，《欧阳修全集》卷六十一）《易》是"止于人事而已，天不与也"（《易童子问》，《欧阳修全集》卷六十一）。《诗经》之文"虽简易，然而曲尽人情，而古今人情一也"。（《诗本义》卷六《出车》）对

五经与人情的关系，欧阳修在《夫子罕言利命仁论》中详细解说：

> 昔明王不兴而宗周衰，斯文未丧而仲尼出，修败起废而变于道，扶衰救弊而反于正。至如探造化之本，赜几深之虑，以穷乎天下之至精；立道德之防，张礼乐之致，以达乎人情之大窦。故《易》言天地之变，吾得以辞而系；《诗》厚风化之本，吾得以择而删；《礼》《乐》备三代之英，吾得以定而正；《春秋》立一王之法，吾得以约而修。其为教也，所以该明帝王之大猷，推见天人之至隐。道有机而不得秘，神有密而不得藏，晓乎人伦，明乎耳目，如此而详备也。（《夫子罕言利命仁论》，《欧阳修全集》卷六十）

五经之作无不是"穷乎天下之至精""以达乎人情之大窦"的，既然经书所载均切于人世，本于人情，那么由于"古今人情一也"，所以"以人情求之，则不远矣"。圣人著书以道人情，后人循人情便可探求圣人之意了。欧阳修在《又答宋咸书》中说：

> 天日之高，以其下临于人者不远，而自古至今积千万人之智测验之，得其如此。故时亦有差者，由不得其真也。圣人之言，在人情不远，然自战国及今，述者多矣，所以吾侪犹不能默者，以前人未得其真也。然亦当积千万人之见，庶几得者多而近是，此所以学者不可以止也。（《又答宋咸书》，《欧阳修全集》卷七十）

欧阳修

欧阳修认为历千载而圣人之意还可探寻的原因便在于"圣人之言，在人情不远"，年代离圣人近者，会未得其真；年代离圣人久远者，未必不能探其真，所以学者当勉励。在《春秋论中》中，欧阳修也强调要"求其情，责其实"：

> 孔子何为而修《春秋》？正名以定分，求情而责实，别是非，明善恶，此《春秋》之所以作也。……夫不求其情，不责其实，而善恶不明如此，则孔子之意疏，而《春秋》缪矣。（《春秋论中》，《欧阳修全集》卷十八）

欧阳修也从这一解经原则出发，评论先儒解经之得失，对王弼注《易》甚为推崇：

> 《易》之为书无所不备，故为其说者，亦无所不之。盖滞者执于象数以为用，通者流于变化而无穷，语精微者务极于幽深，喜夸诞者不胜其广大，苟非其正，则失而皆入于贼。若其推天地之理以明人事之始终，而不失其正，则王氏超然远出于前人，惜乎不幸短命，而不得卒其业也。（《张令注周易序》，《欧阳修全集》卷六十五）

欧阳修肯定王弼解《易》做到了"推天地之理以明人事之始终"，探得经之本意，是其超越前人处。

欧阳修信经疑传，主张从经典出发，揆之人情，质之经典。他在解经时能不为传所惑，勇于决断。正如他在《读书》诗中所

言：

> 正经首唐虞，伪说起秦汉。篇章异句读，解诂及笺传。是非自相攻，去取在勇断。初如两军交，乘胜方酣战。当其旗鼓催，不觉人马汗。至哉天下乐，终日在几案。

"去取在勇断"可以说是欧阳修解经的一大特色。叶适《习学记言序目》卷四十七《皇朝文鉴一》评价说："以经为正而不泪于章读笺诂，此欧阳氏读书法也。"欧阳修之所以勇于决断也源于他信经疑传的经学态度，在《易童子问》中他自言：

> 若余者可谓不量力矣，邈然远出诸儒之后，而学无师授之传，其勇于敢为而决于不疑者，以圣人之经尚在可以质也。

圣人之经尚在，揆之人情，质之经典，所以勇于决断。在欧阳发所作的《先公事迹》评价欧阳修的经学：

> 其于经术，务明其大本而本于性情，其所发明简易明白。……公于经术，去取如此，以至先儒注疏有所不通，务在勇断不惑，平生所辨明十数事，皆前世人不以为非，未有说者。

这段文字可以说是对欧阳修治经的原则、特色的概括。"务

欧阳修

明其大本而本于性情"是欧阳修治经的原则;"简易明白"、"勇断不惑"是欧阳修解经的特色所在。楼钥对欧阳修在经学史上尤其是《诗经》学史上的地位给予了准确定位:

> 由汉以至本朝千余年间,号为通经者不过祖述毛、郑,莫详于孔颖达之《疏》,不敢以一语违忤。二家自不相侔者,皆曲为说以通之。……惟欧阳公《本义》之作,始有以开百世之惑。曾不轻议二家之短长,而能指其不然以深持诗人之意。其后,王文公(安石)、苏文定公(辙)、伊川程先生(颐)各著其说,更相发明,愈益昭著,其实自欧阳氏发之。(《经义考》卷一〇四引)

欧阳修这种信经疑传,从经文出发,本之人情的解经态度与方法开宋人解经之先河,对王安石、苏辙、程颐等人产生了深远影响。

欧阳修的经学实践最为成功地体现在《诗经》方面,他的《诗经》研究的代表作《诗本义》从《诗经》文本出发,探求诗人之本意。欧阳修认为:"《诗》之作也,触事感物,文之以言,美者美之,恶者刺之,以发其揄扬怨愤于口,道其哀乐喜怒于心,此诗人之意也。"学诗者要先明了何者为本,何者为末。欧阳修认为:

> 今之学《诗》也,不出于此四者而罕有复焉者,何哉?劳其心而不知其要,逐其末而忘其本也。何谓本末?作此诗,述此事,善则美,恶则刺,所谓诗人之意者,本也。正其名,别其类,或系于此,或系于彼,所谓太

师之职者，末也。察其美刺，知其善恶，以为劝戒，所谓圣人之志者，本也。求诗人之意，达圣人之志者，经师之本也。讲太师之职，因其失传而妄自为之说者，经师之末也。

欧阳修指出"求诗人之意，达圣人之志"才是学诗者之本。可以说，欧阳修的《诗经》学正是从这一根本点出发，才取得了超越前人的成就。朱熹曾评价说："毛、郑所谓山东老学究，欧阳会文章，故诗意得之亦多。"（《朱子语类》卷八〇《解诗下》）无论是前文提到的楼钥也好，这里提到的朱熹也好，他们都注意到欧阳修解诗善于从文本出发，探求诗人之意，这恰是欧阳修《诗经》学的重要特色所在。

欧阳修的经学观与其史学观、文学观有着密切的关系，三者之间有着内在的一致性。在经学上他信经而疑传，在史学上也持相同态度，而不轻信后来之史，如在《帝王世次图序》中说：

尧、舜、禹、汤、文、武，此六君子者可谓显人矣。而后世犹失其传者，岂非以其远也哉？是故君子之学，不穷远以为能，而阙其不知，慎所传以惑世也。

方孔子时，周衰学废，先王之道不明，而异端之说并起。孔子患之，乃修正《诗》《书》史记，以止纷乱之说，而欲其传之信也。故略其远而详其近，于《书》断自唐、虞以来，著其大事可以为世法者而已。至于三皇五帝君臣世次皆求尝道者，以其世远而慎所不知也。

孔子既殁，异端之说复兴，周室亦益衰乱。接乎战

国，秦遂焚书，先王之道中绝。汉兴之久，《诗》《书》稍出而不完。当王道中绝之际，奇书异说方充斥而盛行，其言往往反自托于孔子之徒，以取信于时。学者既不备见《诗》《书》之详，而习传盛行之异说，世无圣人以为质，而不自知其取舍真伪，至有博学好奇之士，务多闻以为胜者，于是尽集诸说，而论次初无所择，而惟恐遗之也，如司马迁之《史记》是矣。以孔子之学，上述前世，止于尧、舜，著其大略，而不道其前。迁远出孔子之后，而乃上述黄帝以来，又详悉其世次，其不量力而务胜，宜其失之多也。（《欧阳修全集》卷四十一）

欧阳修对待史书记载同样是信圣人，信经典，而对秦汉以后之史书"务多闻以为胜"提出批评、对司马迁的《史记》也持批评态度。

在文学上，欧阳修认为经与文之间关系密切，师经是为文之根本：

夫世无师矣，学者当师经。师经必先求其意，意得则心定，心定则道纯，道纯则充于中者实，中充实则发为文者辉光，施于事者果毅。三代、两汉之学，不过此也。（《答祖择之书》，《欧阳修全集》卷六十九）

师经、意得、心定、道纯、中实、辉光、果毅，由师经到发而为文、施于行事，师经是根本，师经便要探求圣人之意，得圣人之意，内心便会安定，内心安定，道便纯正，道纯正而后充于中者实，这是内修的功夫，是根本。外在于文便会有辉光，施之于事便果毅。这类似于儒家经典《大学》中所讲格物、致知、正心、诚意、修身、齐家、治国、平天下的路数。可见，欧阳修以师经作为修道、为文与施事的根本。欧阳修在治经时勇于决断正是"施于事者果毅"的表现。师经的具体所指为何呢？欧阳修在《代曾参答弟子书》中指出：

  且吾闻之：师其道，不必师其人；师其人，不必师其形。如欲师其道，则有夫子之六经在，《诗》可以见夫子之心，《书》可以知夫子之断，礼可以明夫子之法，《乐》可以达夫子之德，《易》可以察夫子之性，《春秋》可以存夫子之志。是之弗务，而假设以为尚，此吾所以悼痛而不敢知也。（《代曾参答弟子书》，《欧阳修全集》卷七十）

欧阳修指出六经均体现了圣人的不同方面，因此师法六经，便可得圣人之意。另外，欧阳修无论是修史还是为文都追求尚简原则，这与他治经主张"简易明白"也是一致的。对此，后文会有详细论述，于此不赘。

欧阳修

三、欧阳修的史学观

  欧阳修是一位杰出的史学家，在史学领域做出了卓越的贡献。他参与编纂《新唐书》，独立撰写《五代史记》；收集古代金石碑刻，并纂写了《集古录》，开金石学风气之先；他还尝试小宗谱的书写模式，对重振谱牒之学做出了贡献。欧阳修既有丰富的史学实践，又有明确的史学观。其史学主张与其经学观一脉相承，以经为正，推尊《春秋》，求情质实，重人事、轻天命等思想在其史学主张与史书编纂中均有所体现。从根本上说，欧阳修以《春秋》为依据，解决史学理论与史学实践中的问题，无论他的史学主张与具体采用的修史原则与方法，均以《春秋》为理论依据。

  第一，以《春秋》为依据辨明正统与非正统，首创绝统论。

  辨明正统与非正统，有其现实背景与针对性。我们知道，宋太祖赵匡胤借陈桥兵变黄袍加身从孤儿寡妇手中取得政权，取代北周，建立大宋政权。李昉、薛居正等人撰写《五代史》，为了维护北宋政权的正统地位，提出黜朱梁为伪而以后唐为正的说法。黜朱梁为伪的理由是朱温由唐封为节度使，后又弑帝自立，属篡逆行为。以后唐为正的理由是，李克用打着恢复唐室的名号取梁而代之，由李唐王朝而后唐政权一脉相承，自然属于正统。由后

唐而后晋，由后晋到后汉，再由后汉到后周，由后周到宋王朝，宋王朝就顺理成章地归为正统了。薛史以这一指导思想编纂，按照《三国志》的模式，将据有中原地区的五朝，一朝一史独立成书。分为《梁书》《唐书》《晋书》《汉书》《周书》。欧阳修反对这种以梁为伪之说，特做《正统论》以发明。

欧阳修先开宗明义地指出何为"正统"：

《传》曰"君子大居正"，又曰"王者大一统"。正者，所以正天下之不正也；统者，所以合天下之不一也。由不正与不一，然后正统之论作。

以此为依据，三代为正统，"皆得天下之正，合天下于一"，是不待论而自明的。"自周亡迄于显德，实千有二百一十六年之间，或理或乱，或取或传，或分或合，其理不能一概。大抵其可疑之际有三：周、秦之际也，东晋、后魏之际也，五代之际也。"这三段何为正统有论争。"然而论者众矣，其是非予夺，所持者各异，使后世莫知夫所从者，何哉？盖于其可疑之际，又挟自私之心，而溺于非圣之学也。"欧阳修表明关于正统之论争，论者当摒弃自私之心，以圣人之言为依据。持伪梁之说的人便属"挟自私之心"，"五代之得国者，皆贼乱之君也。而独伪梁而黜之者，因恶梁者之私论也。"欧阳修反对"独伪梁"之说，认为：

唐自僖、昭以来，不能制命于四海，而方镇之兵作。已而小者并于大，弱者服于强。其尤强者，朱氏以梁，李氏以晋，共起而窥唐，而梁先得之。李氏因之借名讨

欧阳修

贼，以与梁争中国，而卒得之，其势不得不以梁为伪也。而继其后者，遂因之，使梁独被此名也。

夫梁固不得为正统，而唐、晋、汉、周何以得之？今皆黜之。

欧阳修认为五代之君都是贼乱而得国的，均不得为正统。梁不为正统，但不能不顾史实，以梁为伪：

梁，贼乱之君也。欲干天下之正统，其为不可，虽不论而可知。然谓之伪，则甚矣。彼有梁之土地，臣梁之吏民，立梁之宗庙社稷，而能杀生赏罚以制命于梁人，则是梁之君矣。安得曰伪哉？故于正统则宜绝，于其国则不得为伪者，理当然也。岂独梁哉，魏及东晋、后魏皆然也。尧、舜、桀、纣，皆君也，善恶不同而已。凡梁之恶，余于《史记》不没其实者，论之详矣。

于封建正统，则梁不预焉，但是作为一国，有天下、有臣民、有赏罚之事实，不得以国为伪。有人认为欧阳修此论有失《春秋》之旨，"以谓魏梁皆篡弑之恶，当加诛绝，而反进之，是奖篡也，非《春秋》之志也。"欧阳修在《魏梁解》中以《春秋》为依据予以驳斥：

予应之曰：是《春秋》之志耳。鲁桓公弑隐公而自立者，宣公弑子赤而自立者，郑厉公逐世子忽而自立者，卫公孙剽逐其君衎而自立者，圣人于《春秋》皆不绝其

君。此予所以不黜魏、梁者，用《春秋》之法也。

　　魏、梁之恶，三尺童子皆知可恶，予不得圣人之法为据依，其敢进而不疑乎？然则《春秋》亦奖篡乎？曰：惟不绝四者之为君，于此见《春秋》之意也。圣人之于《春秋》用意深，故能劝戒切，为言信，然后善恶明。夫欲著其罪于后世，在乎不没其实。其实尝为君矣，书其为君；其实篡也，书其篡。各传其实而使后世信之，则四君之罪，不可得而揜耳。使为君者不得揜其恶，则人之为恶者，庶乎其息矣。是谓用意深而劝戒切，为言信而善恶明也。

　　欧阳修先是表明立场，正是遵循《春秋》之志，才不黜魏、梁。因为圣人作《春秋》"皆不绝其君"。因此，不得以魏、梁为伪。接着从《春秋》"用意深，故能劝戒切，为言信，然后善恶明"的微言大义入手，阐明只有不没事实，才能取信后世；只有用意深切，才能善恶分明，为后世立法。这既是欧阳修对《春秋》笔法的深切理解，也是他自觉地在史书编纂中运用的原则。欧阳修在《论史馆日历状》谈到对史家职责的理解："右臣伏以史者，国家之典法也。自君臣善恶功过，与其百事之废置，可以垂劝戒、示后世者，皆得直书而不隐。故自前世有国者，莫不以史职为重。"（《欧阳修全集》卷一百一十一）

　　欧阳修辨明正统论，把五代定为"绝统"的乱世，赵宋王朝的建立"居天下之正，合天下于一"，成为正统，理论上合乎逻辑、天衣无缝，从而在理论上为《五代史记》的修撰扫清了障碍。其子欧阳发指出：

其于《五代史》，尤所留心，褒贬善恶，为法精密，发论必以"呜呼"，曰："此乱世之书也。"其论曰："昔孔子作《春秋》，因乱世而立治法；余述《本纪》以治法而正乱君。"此其志也。（《先公事迹》）

可见，欧阳修自觉运用《春秋》笔法修《五代史记》。无论在史学主张还是史学实践上都以《春秋》为理论依据。

第二，重人事，轻天命，标举"书人不书天"的史书编纂原则。

欧阳修在《新五代史·司天考》中明确宣称："昔孔子作《春秋》而天人备。予述本纪，书人而不书天，予何敢异于圣人哉！其文虽异，其意一也。""书人不书天"虽在文字上与圣人作《春秋》之意相异，但其深层意旨是一致的。欧阳修提出"书人不书天"有现实的针对性。自汉儒董仲舒等倡导天人感应学说、五行灾异思想，将自然界的灾异曲说成是"天"对"人君"的谴告。史学家在修史时也往往附会其说，史书中充斥着大量的灾异、祥瑞等连篇累牍的记载。欧阳修认为汉儒的阴阳灾异与五德终始等学说不合圣人经旨："呜呼，圣人既没，而异端起。自秦、汉以来，学者惑于灾异矣，天文五行之说，不胜其烦也。"他"书人不书天"便是要摒弃汉儒旧说。从深层上说，其史学观与其"重经轻传"的经学观是一脉相承的。他标举"书人不书天"，遵循《春秋》之旨，摒弃汉儒旧说也是其经学观在史学领域的反映。在这一问题上，欧阳修不仅在修史实践中践行"子不语怪力乱神"、圣人不言"性与天道"，更从理论上予以厘清：

自尧、舜、三代以来，莫不称天以举事，孔子删《诗》《书》不去也。盖圣人不绝天于人，亦不以天参人。绝天于人则天道废，以天参人则人事惑，故常存而不究也。《春秋》虽书日食、星变之类，孔子未尝道其所以然者，故其弟子之徒，莫得有所述于后世也。然则天果与于人乎？果不与乎？曰：天，吾不知，质诸圣人之言可也。《易》："天道亏盈而益谦，地道变盈而流谦，鬼神害盈而福谦，人道恶盈而好谦。"此圣人极论天人之际，最详而明者也。其与天地鬼神，以不可知为言，其可知者人而已。夫日中则昃，盛衰必复。天，吾不知，吾见其亏益于物者矣。草木之成者，变而衰落之；物之下者，进而流行之。地，吾不知，吾见其变流于物者矣。人之贪满者多祸，其守约者多福。鬼神，吾不知，吾见人之祸福者矣。天地鬼神，不可知其心，则因其著于物者以测之。故据其迹之可见者以为言，曰亏益，曰变流，曰害福。若人则可知者，故直言其情曰好恶。其知与不知，异辞也，参而会之，与人无以异也。其果与于人乎，不与于人乎，则所不知也。以其不可知，故常尊而远之；以其与人无所异也，则修吾人事而已。人事者，天意也。《书》曰："天视自我民视，天听自我民听。"未有人心悦于下而天意怒于上者，未有人理逆于下而天道顺于上者。然则王者君天下，子生民，布德行政，以顺人心，是之谓奉天。至于三辰五星常动而不息，不能无盈缩差忒之变，而占之有中有不中，不可以为常者，有司之事

也。本纪所述人君行事详矣，其兴亡治乱可以见。至于三辰五星逆顺变见，有司之所占者，故以其官志之，以备司天之所考。

欧阳修以孔子作《春秋》"不绝天于人，亦不以天参人"为理论依据，反对汉儒天人感应学说。并以经典中的圣人之言为依据，指出对天意、人事应持的态度那便是对天"尊而远之"与"修吾人事"。因此，他在史书中"本纪所述人君行事详矣"便有了理论依据，其"书人而不书天"，虽与《春秋》之文异，但与《春秋》之意是相同的了。于此，欧阳修辨明了其修史原则与《春秋》之意相一致。在《新五代史·伶官传序》中，欧阳修指出："盛衰之理，虽曰天命，岂非人事哉"，重在从人事角度阐发盛衰之理，便是其"书人而不书天"的修史原则在史书修纂工作中的体现。

欧阳修在《五代史记》的修纂中贯彻了"书人而不书天"的原则，使得这部史书，更重在从人事方面探讨兴亡治乱之迹，不同于《汉书》以来的史书多从阴阳灾异、天人感应的角度理解兴亡治乱。在他参与编纂的《新唐书》中，欧阳修也以"著其灾异，而削其事应"作为《五行志》的编纂原则。欧阳修的这一修史原则也为后世史家所效仿。《宋史·天文志序》明确表示："今合累朝史臣所录为一志，而取欧阳修《新唐书》《五代史记》为法，凡征验之说有涉于傅会，咸削而不书，归于传信而已矣。"《明史·五行志》也说："考次洪武以来，略依旧史五行之例，著其祥异，而事应暨旧说之前见者并削而不载。"可见，欧阳修在史书中的这一创举为后世史家树立了法则。

第三，欧阳修在史书行文方面坚持"简而有法"，这也是其师法《春秋》的重要体现。

"简而有法"是欧阳修对尹师鲁文章的极高评价。欧阳修认为这一评价，"在孔子六经，惟《春秋》可当之"。参以欧阳修的其他文字不难发现，欧阳修对《春秋》之"简"十分肯定。如在《春秋论中》曰："《春秋》辞有同异，尤谨严而简约，所以别嫌烦明微，慎重而取信，其于是非善恶难明之际，圣人所尽心也。"在《春秋或问二》中曰："经简而直，传新而奇；简直无悦耳之言，而新奇多可喜之论，是学者乐闻而易惑也。"欧阳修尊奉《春秋》笔法，也追求史书文字的简洁有法。如他在《与尹师鲁第二书》中曰：

开正以来，始似无事，治旧史。前岁所作《十国志》，盖是进本，务要卷多。今若便为正史，尽宜删削，存其大要，至如细小之事，虽有可纪，非干大体，自可存之小说，不足以累正史。数日检旧本，因尽删去矣，十亦去其三四。师鲁所撰，在京师时不曾细看，路中昨来细读，乃大好。师鲁素以史笔自负，果然。河东一传大妙，修本所取法此传，为此外亦有繁简未中，愿师鲁亦删之，则尽妙也。（《欧阳修全集》卷六十九）

欧阳修认为正史的撰述当"存其大要"，至于那些非干大体的细小之事，则不足以在正史中记载，这显然是遵循了孔子修《春秋》"著其大事可以为世法者"的原则。欧阳修还肯定尹师鲁文字的简洁，并有意效法，并希望尹师鲁能对其"繁简未中"的文

欧阳修

字予以删减。可见，欧阳修师法《春秋》，追求文字的简洁有法。

欧阳修的史书修撰也确实收到了"简"的效果。他在代提举官曾公亮所作的《进新修唐书表》中称《新唐书》"其事则增于前，其文则省于旧"，对文字的简洁不无自矜之意。清人赵翼在《廿二史札记》对《新唐书》颇为肯定："不阅《旧唐书》，不知《新唐书》之综核也。不阅薛史，不知欧史之简严。欧史不惟文笔洁净，直追《史记》，而以《春秋》书寓褒贬于纪传之中，则虽《史记》亦不及也。"赵翼肯定《新唐书》综核、简严，对其运用《春秋》笔法寄寓褒贬也予以极大肯定。然而凡事都有正反两面，欧阳修修史文字简略也遭到了后世史学家的诟病。王鸣盛在《十七史商榷》中指出："《新唐书》本纪，较旧书减去十之七，可谓简极矣。意欲仿班（固）、陈（寿）、范（晔）也。夫文日趋繁，势也。作者当随时变通，不可泥古。纪唐而以班、陈、范之笔行之，于情事必有所不尽。"王鸣盛先是肯定《新唐书》本纪与《旧唐书》相比，文字确实"简"到极处了，但是文字日趋转繁，是必然的发展趋势。作者应当顺应时代的发展变化，不必过于泥古。纪唐代的史事而以班固、陈寿、范晔的史笔来书写，必然会导致史实不够详尽。王鸣盛还指出《新唐书》又一弊端："其尤不满人意者，尽削诏令不登，独不思班纪犹多载诏令，而唐纪反无诏令，恶可乎？"《新唐书》不载诏令之文是何原因呢？赵翼在《廿二史札记》予以揭示："欧、宋二公，不喜骈体，故凡遇诏、诰、章、疏四六行文者，必尽删之。……夫一代自有一代文体。六朝以来，诏疏尚骈俪，皆载入纪、传，本国史旧法，今以其骈体而尽删之，遂使有唐一代馆阁台省之文不见于世，究未免偏见也。"原来，欧阳修、宋祁二人不喜骈体，而宋代的诏、诰等文字多以

骈体为之，因此，二公在修史时，因个人的偏见，将诏、诰中骈体删去不载。可见，欧阳修修史有意遵循《春秋》笔法，刻意求简，既有其可取之处，也有失偏颇。对此，章学诚给予了客观的评价，既对其"逐文字而略于事实"予以批评，也指出"其有佳处，则本纪笔削深得《春秋》法度，实马、班以来所不能及"。（《文史通义·外篇一》）

欧阳修的史学观受其经学观的统摄，经学上的"信经疑传"表现为史学上的推尊《春秋》，无论是正统论的辨明，还是"书人不书天"、"简而有法"的修纂原则都以《春秋》为依据，既取得了超越前人的理论突破，如绝统论的提出，也为后世修史开创了先河，如对阴阳灾异、天人感应的摒弃，同时，也因刻意求简与个人偏见，在史实上有疏略之处。对欧阳修的史学观与史学成就当予以客观全面的评价，对其不足之处也勿庸讳言。

四、欧阳修的文学观

在北宋文坛上，欧阳修不仅兼擅众体，诗、文、词、赋皆工，并致力于文体文风的改革，于奖掖后进上也格外用心，在宋代主盟文坛达三十年之久，对宋代文学的发展产生了深远的影响，在当时士人中流传着："欧阳子，今之韩愈也"，将其视为唐代的韩愈。苏轼对欧阳修的文学成就曾给予这样的评价："欧阳子论大道似韩愈，论事似陆贽，记事似司马迁，诗赋似李白。此非余言也，天下之言也。"虽然，苏轼的评价不无揄扬溢美之成分，但是确实指出了欧阳修文学创作的特点，以及与前人之渊源。欧阳修的文学创作背后有其自觉的、系统的文学观的指引，因此，梳理欧阳修的文学观，对于我们理解欧阳修的文学创作便显得非常必要。

第一，对文的作用的理解

欧阳修文学观的核心在于他对文的作用的理解。欧阳修将文视为传载人声名的媒介，也是人生价值实现的重要途径。欧阳修对传统的"太上有立德，其次有立功，其次有立言"的三不朽价值观进行修正，提出了新的三不朽的说法：

草木鸟兽之为物，众人之为人，其为生虽异，而为死则同，一归于腐坏、澌尽、泯灭而已。而众人之中有圣贤者，固亦生且死于其间，而独异于草木鸟兽众人者，虽死而不朽，逾远而弥存也。其所以为圣贤者，修之于身，施之于事，见之于言，是三者所以能不朽而存也。修于身者，无所不获；施于事者，有得有不得焉；其见于言者，则又有能有不能也。施于事矣，不见于言可也。自《诗》《书》《史记》所传，其人岂必皆能言之士哉？修于身矣，而不施于事，不见于言，亦可也。孔子弟子有能政事者矣，有能言语者矣。若颜回者，在陋巷，曲肱饥卧而已，其群居则默然终日如愚人。然自当时群弟子皆推尊之，以为不敢望而及，而后世更百千岁，亦未有能及之者。其不朽而存者，固不待施于事，况于言乎？

予读班固《艺文志》、唐《四库书目》，见其所列，自三代、秦、汉以来，著书之士多者至百余篇，少者犹三四十篇，其人不可胜数，而散亡磨灭，百不一二存焉。予窃悲其人，文章丽矣，言语工矣，无异草木荣华之飘风，鸟兽好音之过耳也。方其用心与力之劳，亦何异众人之汲汲营营？而忽焉以死者，虽有迟有速，而卒与三者同归于泯灭。夫言之不可恃也盖如此。今之学者，莫不慕古圣贤之不朽，而勤一世以尽心于文字间者，皆可悲也。（《欧阳修全集》卷四十四）

众人与草木鸟兽虽然生命形态不同但同归于泯灭。圣贤异于众人之处在于可以"死而不朽，逾远而弥存"。圣贤的不朽有赖于

修身、施事、见言，而三者又有轻重之别：以修身为首要，其次为施事，最次为见言。这种提法与传统的三不朽说之间的差异，我们姑且不论。需要注意的是，欧阳修对"言"的态度：一方面他认为言是实现生命价值的途径之一；另一方面，相较于修身与施事，言又是最不可恃者。欧阳修以颜回为例，在"施事"与"见言"方面都无建树，凭借"修身"便可以实现生命价值的不朽。对于言的不可恃，欧阳修在《永州军事判官郑君墓志铭》中曰：

> 自三代《诗》《书》已来，立言之士多矣，其始无不欲其言之传也，而散亡摩灭、泯然不复见于后世者，何可胜数！或暂见而终没，或其言虽传而其人不为世所贵者有矣，惟君子有诸躬而不可掩者，不待自言而传也。君之不欲见于空言，其可谓善虑于无穷者矣，其志岂不远哉！虽然，君之志既不自见于言，而宜有为之著者，铭所以彰善而著无穷也，乃为之铭曰：……（《欧阳修全集》卷二十八）

在这段文字中，欧阳修指出了言之不可恃主要表现在三个方面：一，文字散亡摩灭，不见于后世；二，"暂见而终没"，短暂的流传于世，最终归于淹没；三，其言虽传，而其人不为世所重。虽然言不可恃，但是人的不朽还要有待于言的彰显。那么，如何实现"言"的传播久远呢？欧阳修也有具体的主张："甚矣，言之难行也！事信矣，须文；文至矣，又系其所恃之大小，以见其行远不远也。"（《欧阳修全集》卷六十八）"言"的传播久远，

首先要"事信",即所载之事真实;其次"须文";再次,要看其"所恃之大小",也就是所承载的内容,比如"《书》载尧、舜,《诗》载商、周,《易》载九圣,《春秋》载文、武之法,……"因此,"其言之所载者大且文,则其传也章;言之所载者不文而又小,则其传也不章。"(《欧阳修全集》卷六十八)那么如何理解"言之所载者大且文",便涉及了欧阳修对文道关系的理解。

第二,对文道关系的理解

欧阳修对苏轼说过:"我所谓文,必与道俱。"在欧阳修那里,道与文是不可分离的。欧阳修认为学者必先明道。在《与张秀才(棐)第二书》中,欧阳修指出:

> 君子之于学也务为道。为道必求知古,知古明道,而后履之以身,施之于事,而又见于文章而发之,以信后世。其道,周公、孔子、孟轲之徒常履而行之者是也;其文章,则六经所载,至今而取信者是也。
>
> ……唐、虞之道为百王首,仲尼之叹曰"荡荡乎"!谓高深闳大而不可名也。及夫二《典》,述之炳然,使后世尊崇仰望不可及。其严若天,然则《书》之言岂不高邪?然其事不过于亲九族,平百姓,忧水患,问臣下谁可任,以女妻舜,及祀山川,见诸侯,齐律度,谨权衡,使臣下诛放四罪而已。孔子之后,惟孟轲最知道,然其言不过于教人树桑麻,畜鸡豚,以谓养生送死为王道之本。夫二《典》之文,岂不为文?孟轲之言道,岂不为道?而其事乃世人之甚易知而近者,盖切于事实而已。(《欧阳修全集》卷六十七)

欧阳修

欧阳修以周公、孔子、孟轲为例,认为学者当以"知古明道"为第一要义,然后再修身、施事,发而为文章,取信于后世。结合前文,欧阳修提出"修身、施事、见言"的实现人生价值不朽的途径,是以"知古明道"为根本的。欧阳修又进一步指出,孔、孟之道"切于事实",这就把圣人之道,拉回到人间,使学者易知易行。欧阳修从不认为道是远于人的,而主张在日常生活中践行道。宋代学者将欧阳修视为"今之韩愈",苏轼评价欧阳修时也说"论大道似韩愈",并进一步申说欧阳修如何承接道统:

> 自汉以来,道术不出于孔氏而乱天下者多矣。晋以老庄亡,梁以佛亡,莫或正之。五百余年而后得韩愈,学者以愈配孟子,盖庶几焉。愈之后三百余年,而后得欧阳子,其学推韩愈、孟子,以达于孔氏;著礼乐仕义之实,以合于大道。其言简而明,信而通,引物连类,折之于至理,以服人心,故天下翕然师尊之。自欧阳子之存,世之不说者哗而攻之,能折困其身,而不能屈其言。士无贤不肖,不谋而同曰:"欧阳子,今之韩愈也。"宋兴七十余年,民不知兵,富而教之,至天圣、景祐极矣,而斯文终有愧于古。士亦因陋守旧,论卑而气弱。自欧阳子出,天下争自濯磨,以通经学古为高,以求时行道为贤,以犯颜纳说为忠,长育成就,至嘉祐末号称多士,欧阳子之功为多。(《六一居士集叙》)

苏轼对欧阳修接绪韩愈,远承孔、孟之道统有了具体申说,

对韩愈与欧阳修都给予了极高的评价。但是，细细体味，不难发现，与韩愈相比较，欧阳修不仅从理论上对发扬了孔孟之道，尤其注重道的"切于事实"的一面，注重在政治、修身、为文等方面贯彻道，更不遗余力地倡导学者们"知古明道"。

欧阳修还指出"知古明道"的方法，那便是要师经。在《答祖择之书》中欧阳修对如何师经有具体阐发：

> 某闻古之学者必严其师，师严然后道尊，道尊然后笃敬，笃敬然后能自守，能自守然后果于用，果于用然后不畏而不迁。三代之衰，学校废。至两汉，师道尚存，故其学者各守其经以自用。是以汉之政理文章与其当时之事，后世莫及者，其所从来深矣。后世师法渐坏，而今世无师，则学者不尊严，故自轻其道。轻之则道不能至，不至则不能笃信，信不笃则不知所守，守不固则有所畏而物可移。是故学者惟俯仰徇时，以希禄利为急，至于忘本趋末，流而不返。夫以不信不固之心，守不至之学，虽欲果于自用，莫知其所以用之之道，又况有禄利之诱、刑祸之惧以迁之哉！此足下所谓志古知道之士世所鲜而未有合者，由此也。
>
> ……
>
> 夫世无师矣，学者当师经。师经必先求其意，意得则心定，心定则道纯，道纯则充于中者实，中充实则发为文者辉光，施于世者果毅。三代、两汉之学，不过此也。足下患世未有合者，而不弃其愚，将某以为合，故敢道此，未知足下之意合否。

欧阳修

欧阳修从古之学者"知古明道"的方法入手提出师严、道尊、笃敬、自守、果用、不畏、不迁的明道与行事的路径。而当今学者面临的问题是"夫世无师矣"的局面，在无师可尊的情况下，"学者当师经"，继而，欧阳修指明了具体的路径，便是：师经、意得、心定、道纯、中充实、文辉光、施于世果毅。师经是方法，道纯是核心，然后发而文才会有辉光，施之于世才会果毅。在欧阳修那里经、道与文三者的关系便十分明了了。师经是方法，道纯是根本，为文是外在的显现。舍弃师经的路径，不务道之纯粹，片面的追求文字的高妙，便如缘木求鱼，终不可得。在《答吴充秀才书》中，欧阳修指出：

夫学者未始不为道，而至者鲜焉；非道之于人远也，学者有所溺焉尔。盖文之为言，难工而可喜，易悦而自足。世之学者往往溺之，一有工焉，则曰："吾学足矣。"甚者至弃百事不关于心，曰："吾文士也，职于文而已。"此其所以至之鲜也。

昔孔子老而归鲁，六经之作，数年之顷尔。然读《易》者如无《春秋》，读《书》者如无《诗》，何其用功少而至于至也！圣人之文虽不可及，然大抵道胜者文不难而自至也。故孟子皇皇不暇著书，荀卿盖亦晚而有作。若子云、仲淹，方勉焉以模言语，此道未足而强言者也。后之惑者，徒见前世之文传，以为学者文而已，故愈力愈勤而愈不至。此足下所谓终日不出于轩序，不能纵横高下皆如意者，道未足也。若道之充焉，虽行乎天地，

入于渊泉，无不之也。(《欧阳修全集》卷四十七)

欧阳修否定那种舍道求文，于百事不关心，片面学文的倾向。虽然圣人之文不可企及，但"道胜者文不难而自至也。"明确表示"道"是为文的根本，"若道之充焉，虽行乎天地，入于渊泉，无不之也"。他强调"言之不可恃"的用意也在于此："夫言之不可恃也盖如此。今之学者，莫不慕古圣贤之不朽，而勤一世以尽心于文字间者，皆可悲也。"专心于文字之间以求取声名的不朽，不仅不足取，又十分可悲。因此，欧阳修主张不朽当以"修身"为根本，而"修身"自然要回到"师经"、"道纯"的路子上来。

第三，穷而后工的文学主张

穷而后工作为一种文学主张的提出有其历史渊源。屈原在《九章·惜诵》中就曾提到："惜诵以致愍兮，发愤以抒情。"从作家创作心理角度来理解文学创作的源起。后来司马迁又提出"发愤著书"，认为作家遭遇的人生挫折与祸患是文学创作的源动力。南朝齐梁时期的文学理论家刘勰将"发愤以抒情"发展为"发愤以言志"，并将这一理论运用到文学批评实践中。《文心雕龙·时序篇》称建安文学："观其时文，雅好慷慨，良由世积乱离，风衰俗怨，并志深而笔长，故梗概而多气也。"《才略篇》评价王朗："王朗发愤以托志，亦致美以序铭。"《杂文篇》论对问的文体特点："原夫兹文之设，乃发愤以表志。身挫凭乎道胜，时屯寄于情泰；莫不渊岳其心，麟凤其采，此立本之大要也。"可以发现，刘勰在对某个时代的文学创作、某个作家的创作风格、某种文体的创作特点进行评价时都运用了发愤抒情说，可以说比较全面地在他的批评实践中运用了"发愤以言志"的理论。但是，刘

勰这里的表述与屈原的"发愤以抒情"不同的是，他将屈原的"情"换成了"志"。如"志深而笔长"、"发愤以托志"、"发愤以表志"。这正是刘勰对"发愤以抒情"的继承与发展。刘勰还提出了"蚌病成珠"的说法。在《文心雕龙·才略篇》中评价冯衍的创作时，刘勰指出："敬通雅好辞说，而坎壈盛世，显志自序，蚌病成珠矣。"刘勰认为冯衍一生遭遇困顿，促发他创作了《显志赋》，这就好像蚌生病而孕育了珍珠一样。刘勰的"蚌病成珠"的说法与"发愤以抒情"、"发愤以言志"在内在理路上是相通的，都意在强调作家的不幸遭遇将有助于文学创作。

唐代韩愈提出了"不平则鸣"说，这也是对屈原"发愤以抒情"的认同与发展。韩愈在《送孟东野序》中提出了"不平则鸣"，并且运用"不平则鸣"解释了从唐虞三代以来直到唐代的文艺创作。现录之如下：

　　大凡物不得其平则鸣。草木之无声，风挠之鸣；水之无声，风荡之鸣。其跃也，或激之；其趋也，或梗之；其沸也，或炙之。金石之无声，或击之鸣；人之于言也亦然。有不得已者而后言，其歌也有思，其哭也有怀。凡出乎口而为声者，其皆有弗平者乎？乐也者，郁于中而泄于外者也，择其善鸣者，而假之鸣。金、石、丝、竹、匏、土、革、木八者，物之善鸣者也。维天之于时也亦然，择其善鸣者而假之鸣；是故以鸟鸣春，以雷鸣夏，以虫鸣秋，以风鸣冬。四时之相推敚，其必有不得其平者乎！

　　其于人也亦然，人声之精者为言；文辞之于言，又

其精也,尤择其善鸣者而假之鸣。其在唐虞,咎陶、禹其善鸣者也,而假以鸣。夔弗能以文辞鸣,又自假于韶以鸣。夏之时,五子以其歌鸣。伊尹鸣殷,周公鸣周。凡载于诗书六艺,皆鸣之善者也。周之衰,孔子之徒鸣之,其声大而远。传曰:"天将以夫子为木铎。"其弗信矣以乎!其末也,庄周以其荒唐之辞鸣。楚大国也,其亡也以屈原鸣。臧孙辰、孟轲、荀卿,以道鸣者也。杨朱、墨翟、管夷吾、晏婴、老聃、申不害、韩非、慎到、田骈、邹衍、尸佼、孙武、张仪、苏秦之属,皆以其术鸣。秦之兴,李斯鸣之。汉之时,司马迁、相如、扬雄,最其善鸣者也。其下魏晋氏,鸣者不及于古,然亦未尝绝也。就其善者,其声清以浮,其节数以急,其辞淫以哀,其志弛以肆。其为言也,乱杂而无章,将天丑其德,莫之顾耶?何为乎不明其善鸣者也?

唐之有天下,陈子昂、苏源明、元结、李白、杜甫、李观,皆以其所能鸣。其存而在下者,孟郊东野始以其诗鸣。其高出魏晋,不懈而及于古,其它浸淫乎汉氏矣。从吾游者,李翱、张籍其尤也。三子者之鸣信善矣,抑不知天将和其声,而使鸣国家之盛耶?抑将穷饿其身,思愁其心肠,而使自鸣其不幸耶?三子者之命,则悬乎天矣。其在上也,奚以喜?其在下也,奚以悲?东野之役于江南也,有若不释然者,故吾道其命于天者以解之。

韩愈开篇便提出了"大凡物不得其平则鸣"的观点,然后指

欧阳修

出自然界的各种声响都是由于不平才假物而发之鸣响。音乐、天之四时，都"择其善鸣者，而假之鸣"，选择一种最适合表达与宣泄的途径，来发出声响。人类也是这样。人心中的不平也要假借最适宜的途径来传达。于是，由借文辞鸣的，有借歌鸣的，有借道术、史记鸣的，有借辞赋鸣的等等。韩愈认为"凡载于诗书六艺，皆鸣之善者也。"也就是说，凡是见于诗书六艺记载的，都是善鸣的。他还特别指出了"楚大国也，其亡也以屈原鸣。"显然，认为屈原是善鸣者。历史上有善鸣的也有不善鸣的。唐代善鸣者有陈子昂、李白、杜甫等人。在韩愈的弟子中，孟郊算是善于以诗鸣的，此外还有李翱与张籍。其实韩愈所说的"不平"与屈原所说的"愤"涵义大体相同，都是指个人所遭遇的挫折与苦难，也就是"穷饿其身，思愁其心肠"。"不平则鸣"与屈原"发愤以抒情"都侧重强调这些不平遭遇对文学创作的感发与推动。因此，我们说韩愈的"不平则鸣"继承了屈原的"发愤以抒情"。韩愈的发展之处在于他进一步丰富拓展了"鸣"的途径，可以假借各种渠道，而不仅仅限于文学创作。另外，韩愈还很关注"鸣"的效果，有善鸣者，有不善鸣者。从文艺创作的效果角度，使"不平则鸣"更为充实与完备。韩愈对文学创作的动力——"不平"又有进一步的阐发。他在《荆谭唱和诗序》中说："夫和平之音淡薄，而愁苦之心要妙；欢愉之辞难工，而穷苦之言易好也。"强调作家的痛苦经历有助于文学创作的成功。在《柳子厚墓志铭》中又指出："然子厚斥不久，穷不极，虽有出于人，其文学辞章，必不能自力以致必传于后，如今无疑也。"强调的都是不平的遭遇对文人创作的激发作用。这些都是对"发愤以抒情"说的进一步丰富与发展，欧阳修在前人基础上，提出了"穷而后工"的文学主张。

在《薛简肃公文集序》中他指出:

> 君子之学,或施之事业,或见于文章,而常患于难兼也。盖遭时之士,功烈显于朝廷,名誉光于竹帛,故其常视文章为末事,而又有不暇与不能者焉。至于失志之人,穷居隐约,苦心危虑而极于精思,与其有所感激发愤惟无所施于世者,皆一寓于文辞。故曰穷者之言易工也。如唐之刘、柳无称于事业,而姚、宋不见于文章。彼四人者犹不能于两得,况其下者乎!

理解欧阳修的"穷而后工",需结合他的新三不朽说与文道关系的阐发。既然欧阳修认为实现人生价值不朽的途径在于"修身、施事、见言",显然,最高境界是三者兼备,但可惜的是,自古以来,很少有人能够做到。因此,三者之中,又有层次差异:"修于身者,无所不获;施于事者,有得有不得焉;其见于言者,则又有能有不能也。"实现不朽最"可恃"的是修身,施事为其次,而"言为最不可恃者"。在现实中,却是施事与见言也不可得兼。事业与文章不能两全的原因在于,那些事业卓著者,或者视文章为末事,或者无闲暇、无能力从事文学;而那些功业不显达者,往往将苦心孤诣地致力于文学创作。两相比较,自然是"穷者之言易工也"。在《梅圣俞诗集序》中欧阳修又就世人所谓"诗人少达而多穷"的观点出发,进一步阐述了"穷而后工"思想的内在理路:

> 予闻世谓诗人少达而多穷,夫岂然哉?盖世所传诗者,多出于古穷人之辞也。凡士之蕴其所有而不得于世

者，多喜自放于山巅水涯。外见虫鱼草木风云鸟兽之状类，往往探其奇怪。内有忧思感愤之郁积，其兴于怨刺，以道羁臣、寡妇之所叹，而写人情之难言，盖愈穷则愈工。然则非诗之能穷人，殆穷者而后工也。（《梅圣俞诗集序》，《欧阳修全集》卷四十三）

欧阳修先是指出"世所传诗者，多出于古穷人之辞也"这一现象，然后从作家创作心理、创作产生的原动力角度阐释，并非"诗之能穷人"，而是因为诗人仕途不得意，为排遣苦闷往往"自放于山巅水涯"，睹外物而兴情，抒发怨刺，因此愈穷困不得意，言辞愈工。并以自己的好友梅圣俞为例来阐述这一诗学主张。梅圣俞一生困顿不得志，但诗名极盛，"然时无贤愚，语诗者必求之圣俞，圣俞亦自以其不得志者，乐于诗而发之。"

欧阳修的"穷而后工"与屈原的"发愤以抒情"、司马迁的"发愤著书"、刘勰的"发愤以表志"以及韩愈的"不平则鸣"等主张是一脉相承的，都重在强调作家的人生遭际对文学创作的影响。欧阳修更重在从作家创作心理的角度阐发"穷而后工"内涵。并且这一主张与他对文道关系的理解紧密结合，具有更为丰厚的意蕴。

第四，文体革新的主张

在宋代文坛上，欧阳修是主盟一代文坛的领军人物。他的文学主张与创作实践引领了曾巩、王安石、苏洵、苏轼、苏辙等人，特别是在他权知嘉祐贡举之际，更是利用科举的影响对文体文风的改革起了决定性的影响作用。欧阳修对骈体之文一向都不甚喜欢，早年所习也是出于应试之需要。如果我们从欧阳修的经学观与史学观入手，也便不难理解他对骈体的态度。

在《与荆南乐秀才书》中欧阳修曾自述学文的经历：

仆少从进士举于有司，学为诗赋，以备程试，凡三举而得第。与士君子相识者多，故往往能道仆名字，而又以游从相爱之私，或过称其文字。故使足下闻仆虚名，而欲见其所为者，由此也。仆少孤贫，贪禄仕以养亲，不暇就师穷经，以学圣人之遗业。而涉猎书史，姑随世俗作所谓时文者，皆穿蠹经传，移此俪彼，以为浮薄，惟恐不悦于时人，非有卓然自立之言如古人者。然有司过采，屡以先多士。及得第已来，自以前所为不足以称有司之举而当长者之知，始大改其为，庶几有立。然言出而罪至，学成而身辱，为彼则获誉，为此则受祸，此明效也。夫时文虽曰浮巧，然其为功，亦不易也。仆天姿不好而强为之，故比时人之为尤不工，然已足以取禄仕而窃名誉者，顺时故也。先辈少年志盛，方欲取荣誉于世，则莫若顺时。天圣中，天子下诏书，敕学者去浮华，其后风俗大变。今时之士大夫所为，彬彬有两汉之风矣。先辈往学之，非徒足以顺时取誉而已，如其至之，是直齐肩于两汉之士也。若仆者，其前所为既不足学，其后所为慎不可学，是以徘徊不敢出其所为者，为此也。在《易》之《困》曰："有言不信。"谓夫人方困时，其言不为人所信也。今可谓困矣，安足为足下所取信哉？辱书既多且切，不敢不答。幸察。（《欧阳修全集》卷四十七）

欧阳修

欧阳修少年时便喜读韩文，对偶俪之文不甚喜欢，但因"少孤贫，贪禄仕以养亲"之故，顺时而学时文，以"称有司之举"、"取禄仕而窃名誉"。及第以后，弃而不作。在初官伊洛时期，与尹师鲁、梅尧臣等人交游，研习古文，得风气之先。他曾明言："况今世人所谓四六者，非修所好，少为进士时不免作之，遂弃不复作。"等到天圣中，天子下诏书令文士作文革去浮华，欧阳修在古文的创作上已经造诣颇深。可见，欧阳修对骈体文向来不喜欢，只是迫于科举程试之需要才去研习，但是他并不全然反对骈体，在《论尹师鲁墓志》一文中，欧阳修说："偶俪之文，苟合于理，未必为非。"如偶俪之文内容充实，合于道理，也不可否定。他对苏洵父子的四六文评价颇高：

> 往时作四六者多用古人语，及广引故事，以衒博学，而不思述事不畅。近时文章变体，如苏氏父子以四六述叙，委曲精尽，不减速古人。自学者变格为文，迨今三十年，始得斯人，不惟迟久而后获，实恐此后未有能继者尔。自古异人间出，前后参差不相待。余老矣。乃及见之，岂不为幸哉！

可见欧阳修对四六文并非全盘否定。他否定的是用典繁复、"述事不畅"的四六文，而对苏氏父子的四六文给予高度评价，并引为平生之幸事。可见，欧阳修反对的并非骈体本身，对于那些能明白晓畅传达文意的骈体也是颇为欣赏的。

对于韩愈之文以及唐代的文体革新，欧阳修也并非全然赞同。在《苏氏文集序》欧阳修曾说：

予尝考前世文章政理之盛衰，而怪唐太宗致治几乎三王之盛，而文章不能革五代之余习。后百有余年，韩、李之徒出，然后元和之文始复于古。唐衰兵乱，又百余年而圣宋兴，天下一定，晏然无事。又几百年，而古文始盛于今。自古治时少而乱时多，幸时治矣，文章或不能纯粹，或迟久而不相及，何其难之若是欤？岂非难得其人欤？苟一有其人，又幸而及出于治世，世其可不为之贵重而爱惜之欤？嗟吾子美，以一酒食之过，至废为民而流落以死。此其可以叹息流涕，而为当世仁人君子之职位宜与国家乐育贤材者惜也。

子美之齿少于予，而予学古文反在其后。天圣之间，予举进士于有司，见时学者务以言语声偶。而子美独与其兄才翁与穆参军伯长，作为古歌诗杂文，时人颇共非笑之，而子美不顾也。其后天子患时文之弊，下诏书讽勉学者以近古，由是其风渐息，而学者稍趋于古焉。独子美为于举世不为之时，其始终自守，不牵世俗趋舍，可谓特立之士也。（《欧阳修全集》卷四十三）

这段文字虽是盛赞苏子美在宋代文坛革新中得风气之先的功绩，但是从中，我们也可看出欧阳修的文学主张。欧阳修对韩愈、李翱等人在唐代文体革新中的成就颇为肯定，"元和之文始复于古"，"革五代之余习"。而宋代文坛在天圣年间，学者所作之文"以言语声偶摘裂，号为时文，以相夸尚"，欧阳修也颇为不满。欧阳修对唐代元和之际的文学成就是极为肯定的，但是，对元结、

欧阳修

樊宗师等人刻意求奇求怪之风也深为不满。如批评元结："元结好奇之士也，其所居山水必自名之，惟恐不奇。而其文章用意亦然，而气力不足，故少遗韵。君子之欲著于不朽者，有诸其内而见于外者，必得于自然。颜子萧然卧于陋巷，人莫见其所为，而名高万世，所谓得之自然也。结之汲汲于后世之名，亦已劳矣。"对元结好奇之文风予以批评。又批评樊宗师："余尝患文士不能有所发明以警未悟，而好为新奇以自异，欲以怪而取名，如元结之徒是也。至于樊宗师，遂不胜其弊矣。"在《唐樊宗师绛守居池记》的跋语中感慨："呜呼！元和之际，文章之盛极矣，其怪奇至于如此！"欧阳修虽然盛称唐代元和之际文章之盛，但是也注意到了其间求怪求奇的不良倾向。而这种求怪求奇的倾向，在韩愈的文章里就已出现了。

欧阳修为文主张平易自然，这与他以经为师、以道为本的经学主张是一致的。他认为学者为文当师经，求道，内在充实再发而为文，便自然平易了。他为文也追求平易自然，正如苏洵在《上欧阳内翰书》中评价的："执事之文，纡余委备，往复百析，而条达疏畅，无所间断；气尽语极，急言竭论，而容与闲易，无艰难劳苦之态。"欧阳修为文虽然自然平易，与他治经学主张"简易明白"是一脉相承的。对欧阳修在宋代文坛文体革新方面所作出的成就，苏轼予以全面的评价：

  窃以天下之事，难于改为。自昔五代之余，文教衰落，风俗靡靡，是以涂地。圣上慨然太息，思有以澄其源，疏其流，明诏天下，晓谕厥旨。于是招来雄俊魁伟敦厚朴直之士，罢去浮巧轻媚丛错采绣之文，将以追两

汉之余，而渐复三代之故。士大夫不深明天子之心，有意过当，求深者或至于迂，务奇者怪僻而不可读。余风未殄，新弊复作。大者镂之金石，以传久远；小者转相模写，号称古文。纷纷肆行，莫之或禁。盖唐之古文，自韩愈始。其后学韩而不至者为皇甫湜，学皇甫湜而不至者为孙樵。自樵以降，无足观矣。伏惟内翰执事，天之所付以收拾先王之遗文，天下之所待以觉悟学者，恭承王命，亲执文柄，意其必得天下之奇士以塞明诏。……惟其素所蓄积，无以慰士大夫之心，是以群嘲而聚骂者，动满千百。亦惟恃有执事之知，与众君子之议论，故恬然不动其心。

苏轼这篇书信作于科举考试后答谢主考官欧阳修。虽然这封书信中不乏揄扬溢美之辞，但是他陈述了欧阳修权知贡举前后宋代文坛的风气，以及欧阳修权知贡举所造成的影响，还是颇为可信的。欧阳修借权知贡举之机，为革除文坛怪僻之文风作出了重要的贡献。金代赵秉文评价欧阳修说："亡宋百余年间，惟欧阳公之文不为尖新艰险之语，而有从容闲雅之态，丰而不余一言，约而不失一辞，使人读之者亹亹不厌。盖非务奇之为尚，而其势不得不然之为尚也。"赵秉文的评价指出欧阳修不为怪奇之语，追求平易自然的文风。

第五，以碑志文观为例看欧阳修的经学观、史学观与文学观的内在联系

通过以上分析，不难发现，欧阳修的文学观与其经学观、史学观有内在的紧密联系。欧阳修的文章可以称得上是文备众体，

在碑志文的创作上也有很高的成就。由于欧阳修经学家、史学家兼文学家的多重身份，我们通过欧阳修的碑志文主张，可清晰地看出欧阳修的经学观、史学观与文学观的内在联系。

欧阳修以丰富的碑志文创作实践与系统的碑志文创作观，为碑志文的创作开辟了新路径，在中国古代碑志文学史上占有举足轻重的地位。欧阳修既有丰富的碑志文创作实践，又有对碑志文创作意图、写作原则等的明确表述，如《论尹师鲁墓志》《与杜䜣论祁公墓志书》等，从中我们可以看出他的碑志文创作主张。

其一，"彰善而著无穷"——对碑志文文体职能的重视

对碑志文文体职能的认识是欧阳修碑志文创作观的基础。欧阳修认为碑志文继承铭文的文体职能，意在纪德昭烈、传之久远："臣修以谓古者功德之臣，进受国宠，退而铭于器物，非独私其后世，所以不忘君命，示国有人，而诗人又播其事，声于咏歌，以扬无穷。今去古远，为制不同，而犹有幽堂之石、隧道之碑，得以纪德昭烈"。（《欧阳修全集》卷二十三）欧阳修认为"幽堂之石、隧道之碑"虽与古代铭器的形制不同，但同样能承担起铭文"纪德昭烈"以扬名无穷的职能。《礼记·祭统》中云："铭者，自名也，自名以称扬其先祖之美，而明著之后世者也。"与传统的铭文观相一致，欧阳修认为："铭者，所以彰善而著无穷也"、"铭者，所以名其善功以昭后世也"。欧阳修继承了传统的铭文观，重视碑志文纪德昭烈、传之久远的文体职能。

欧阳修也赞同传统铭论归功于上的写作方法，他认为："昔者《烝民》《江汉》，推大臣下之事，所以见任贤使能之功，虽曰山甫穆公之诗，实歌宣王之德也。臣谨考国史、实录，至于缙绅、故老之传，得公终始之节，而录其可纪者，辄声为铭诗，昭示后

世，以彰先帝之明，以称圣恩褒显王氏流泽子孙与宋无极之意。"（《欧阳修全集》卷二十二）欧阳修认为碑志文创作当效法《诗经》的《烝民》《江汉》之篇，称述臣下功劳时要褒美主上的"任贤使能之功"，这是古代铭文写作遵守的基本原则，也与《礼记·祭统》论铭"一称而上下皆得焉"的观点相一致。欧阳修还特别重视发挥碑志文的教化作用，认为做志铭阐扬碑主功美，既有称美主上之意，同时也有褒劝后世之意，如："至于出入勤劳之节，与其进退绸缪君臣之恩意，可以褒劝后世，如古诗书所载，皆应法可书。"（《欧阳修全集》卷二十三）

欧阳修认为传之久远是实现碑志文职能的关键。碑志文的昭德纪功、褒美主上和宣扬教化的文体职能的实现，全都有赖于碑志文的传之久远。基于这一认识，欧阳修主张以十分审慎的态度来创作，如他在《与杜䜣论祁公墓志书》中曰："然须慎重，要传久远，不斗速也。苟粗能传述，于后亦不必行，况治命不用耶。"还建议杜䜣："或择一真楷书而字画不怪者书之，亦所以传世易晓之意也。"为了传之久远，甚至考虑到了用何种书体刻写，可谓周全。显然，欧阳修的碑志文创作主张都是基于碑志文要传之久远的职能特点展开的，这是他将史家笔法引入碑志文创作的主要意图所在，也是我们理解欧阳修碑志文创作观的关键。

其二，坚持实录精神

为了实现碑志文的传播久远，以更好地发挥教化作用，欧阳修主张以实录精神创作碑志文。只有信于今方可传于后，实录是实现碑志文传之久远的前提。实录的做法主要体现在两个方面：一是对碑主世次与生平事迹的叙述要有据可查；二是对碑主功绩的评价要恰如其分。

在生平事迹的叙述上，欧阳修认为可依据的资料来源主要有三方面：一是国史、实录以及缙绅、故老提供的碑主的生平资料。如在《太尉文正王公神道碑铭》中他明确表明此碑是"考国史、实录，至于缙绅、故老之传"而创作的。二是求铭者所提供的行状。如："颍川公既葬于新郑，其子尚书主客郎中述古等七人，具公之行事及太常之状、祁伯之铭以来告曰：'唯陈氏世有显人。我先正文惠公，历事太宗、真宗而相今天子，其出处始终之大节，可考不诬如此。故敢请以墓隧之碑。'"死者家属提供的行状是欧阳修叙述死者生平事迹的主要材料来源，因此，他要求家属提供的行状要尽量详列死者的事迹。如在《与梅圣俞书》中云："忽辱惠教，兼得唐子方家行状，谨当牵课，然少宽数日为幸。其如行状中泛言行己，殊不列事迹，或有记得者，幸更得数件，则甚善。又云有尹师鲁所作墓志，亦得一本，尤幸也。寻常人家送行状来，内有不备处，再三去问，盖不避一时忉忉，所以垂永久也。乞以此意达之。"欧阳修希望死者家属提供的行状不要"泛言行己，殊不列事迹"，对提供的行状"内有不备处"，还要"再三去问"，可见其态度之谨严，而这样做的目的是为了让死者能够名垂后世，实现不朽。三是依据自己或他人对死者的了解。如："臣修与文简公故往来，知其人，又尝志其墓，又尝述其世德于冀公太师之碑，得其世次、官封、功行最详，乃不敢辞。"其他如欧阳修为朋友所作墓志，更是建立在与友人交谊的基础之上。由此可见，欧阳修创作碑志文非常讲究碑主生平材料的有据可查，正如他在《再与杜䜣论祁公墓志书》中所说"然所纪事，皆录实，有稽据，皆大节与人之所难者。"欧阳修在碑志文作品中往往交待作碑的缘由，其实也交待了碑主生平材料的来源及创作依据，这都

是以实录精神创作碑志文的体现。

需要特别注意的是，欧阳修对谱牒之学非常重视，是宋代谱牒之学的开山，开创了小宗谱的修撰先例。对谱牒之学的重视反映在碑志文创作中，他往往考证碑主的祖先世次，以求实录，如《太子太师致赠司空兼侍中文惠陈公神道碑铭》中曰："予为考其世次，得其所以基于初、盛于中、有于终而大施于其后者。"欧阳修在滁州期间，曾巩请欧阳修为其祖父撰写碑文，并提供了祖先世次的材料，其中有不实之处，欧阳修特意写作《与曾巩论氏族书》一文辨明："然近世士大夫于氏族尤不明，其迁徙世次多失其序，至于始封得姓，亦或不真。如足下所示，云曾元之曾孙乐，为汉都乡侯，至四世孙据，遭王莽乱，始去都乡而家豫章。考于《史记》，皆不合。"又指出曾乐与曾据姓名，"皆不见于《年表》，盖世次久远而难详如此。"可见，欧阳修对世次的考索也坚持实录精神，这有力地扭转了长期以来碑志文创作中世系撰述不实的风气。自东汉以来，在碑文开头追述碑主的祖先世系作为一种程式固定下来。后来，随着门第观念的兴起与盛行，碑志文作品中对世系的叙述日趋繁复，也难以考实。刘知几在《史通》中曾对这种现象予以批评：

且自世重高门，人轻寒族，竟以姓望所出，邑里相矜。若仲远之寻郑玄，先云汝南应劭；文举之对曹操，自谓鲁国孔融是也。爰及近古，其言多伪。至于碑颂所勒，茅土定名，虚引他邦，冒为己邑。若乃称袁则饰之陈郡，言杜则加之京邑，姓卯金者咸曰彭城，氏禾女者皆云巨鹿。（《史通通释》卷五）

欧阳修

欧阳修在世次的修撰上坚持实录精神，确实有助于扭转这一不良风气。

欧阳修坚持以实录精神创作碑志文的又一个重要体现便在于对碑主的评价要恰如其分，符合事实。在《论尹师鲁墓志》一文中，欧阳修针对尹氏子弟的不满，具体地解释了尹师鲁墓志创作的原则与意图。在论及尹师鲁的古文成就时，欧阳修说："若作古文自师鲁始，则前有穆修、郑条辈，及有大宋先达甚多，不敢断自师鲁始也。"对死者的评价不能不顾事实，妄加虚美，这也是欧阳修坚持实录精神的体现。

其三，坚持尚简原则

对于碑志文创作当坚持尚简原则，欧阳修在《内殿崇班薛君墓表》中有明确说明：

> 然予考古所谓贤人、君子、功臣、烈士之所以铭见于后世者，其言简而著。及后世衰，言者自疑于不信，始繁其文，而犹患于不章，又备其行事，惟恐不为世之信也。若薛氏之著于绛，简肃公之信于天下，而予之铭公不愧于其兄，则公之铭不待繁言而信也。然其行事终始，予亦不敢略而志诸墓矣。今之碣者，无以加焉，则取其可以简而著者书之，以慰其子之孝思，而信于绛之人云。

欧阳修认为古之铭文所以传于后世是由于"其言简而著"，后世铭文惟恐不被人采信才"繁其文"、"备其行事"。因此，他主

张碑志文要"简而著"才能承载人的德烈功美传之后世。为实现"简而著"的原则，欧阳修在创作中主要采用了"纪大而略小"与"互见"两种方法。

"纪大而略小"的明确提出是在《与杜䜣论祁公墓志书》中："然能有意于传久，则须纪大而略小"。所谓"纪大而略小"就是选择最能突显碑主功美的大节，而其他无关紧要的"小节"便略而不书。在《论尹师鲁墓志》中欧阳修曰："其大节乃笃于仁义，穷达祸福，不愧古人。其事不可遍举，故举其要者一两事以取信。"这是对"纪大而略小"的诠释。欧阳修在其碑志文作品中反复强调所记载的是碑主的"终始大节"，如《资政殿学士户部侍郎文正范公神道碑铭》中云："及其世次、官爵、志于墓、谱于家、藏于有司者，皆不论著，著其系天下国家之大者，亦公之志也欤！"《镇安军节度使同中书门下平章事赠中书令谥文简程公墓志铭》中云："乃考次公之世族、官封、爵号、卒葬时日，与其始终之大节，合而志于其墓"。"著其系天下国家之大者"、"始终之大节"均是"纪大而略小"的具体化，像这类表述在欧阳修的作品中十分常见，可见欧阳修非常自觉地贯彻"纪大而略小"的写法，以使作品"简而著"，传之久远。

"互见"是实现"简而著"的另一个重要方法。关于"互见"，欧阳修在《论尹师鲁墓志》中明确提出："若谓近年古文自师鲁始，则范公祭文已言之矣，可以互见，不必重出也。皇甫湜《韩文公墓志》、李翱《行状》不必同，亦互见之也。"这里的互见指的是碑志可与他人所作的行状、祭文之类作品形成互见。欧阳修经常运用互见法，如其为范仲淹作神道碑便与范仲淹的墓志铭、家谱等形成互见："及其世次、官爵，志于墓、谱于家、藏于有司者，皆不

论著，著其系天下国家之大者，亦公之志也欤！"欧阳修为范仲淹作神道碑，对于世次、官爵见于墓志、家谱的，便不论著，而重在论著"其系天下国家之大者"，这也是范仲淹平生志向所在。

互见法在欧阳修那里运用得十分广泛灵活，不仅与他人的同类作品互见，更在自己为死者所作的同类作品中运用互见，如为死者所作的神道碑与墓志铭或祭文、传状之间的互见。为同一人物既作有神道碑铭又作有墓志铭或祭文等，便采用互见之法，避免雷同，如欧阳修为程琳既作有神道碑铭又有墓志铭，二文在内容上便互有补充。归有光评曰："墓志与碑铭，其书不书互见，而此尤尝见整雅。"对欧阳修运用互见法给予赞扬。如为石延年、欧阳观等各作有碑志文、祭文，也是运用互见法，避免雷同。在为同一家族的人物做碑志时，欧阳修也往往运用互见法省略祖先世德的叙述。如《内殿崇班薛君墓表》曰："公讳塾，字宗道，姓薛氏，资政殿学士、兵部尚书简肃公之弟。薛之世德终始，有简肃公之志与碑。"再如《尹师鲁墓志铭》中："余于师鲁兄弟交，尝铭其父之墓矣，故不复次其世家焉。"

"互见"与"纪大而略小"虽为两种方法，其内在意图是一致的。运用互见法有利于将笔墨集中展现碑主功美的大节，也有助于实现"纪大而略小"。两种方法配合使用，能很好地实现碑志文的"简而著"，以达到传之久远的目的。

其四，注重哀情的抒发

实录精神与尚简原则，多侧重于叙事，而碑志文为死者而设的特殊性，使得抒发哀情也成为碑志文创作不可回避的问题。欧阳修有相当一部分碑志作品是为朋友而作的，其中不乏仕宦不显，沉沦下潦者，没有那些世俗所谓的丰功异德可以书写，在这类碑

志文中欧阳修将侧重点转向了抒发哀情。《张子野墓志铭》中云："予虽不能铭，然乐道天下之善以传焉。况若吾子野者，非独其善可铭，又有平生之旧、朋友之恩与其可哀者，皆宜见予文，宜其来请于予也。""铭善"之外，更重在叙述"平生之旧、朋友之恩及其可哀者"。为朋友做碑志文，其情感的悲痛可想而知："初在洛时，已哭尧夫而铭之；其后六年，又哭希深而铭之；今又哭吾子野而铭。于是又知非徒相得之难，而善人君子欲使幸而久在于世，亦不可得，呜呼，可哀也已！"在"哭而铭"的情感状态下，重在叙写朋友间的交谊与其可哀之处，合情合理，感人至深。归有光评价此篇："工于写情，略于序事，极淋漓骚郁之致。"归有光此评确实指出了此篇不重叙事，重在言情的特点。不独此篇，他如《湖州长史苏君墓志铭》，乃铭其好友苏舜钦，重在抒发对友人蒙冤莫辨的同情与愤懑。孙琮评价此篇："读之，纯是一片抑郁，一片愤懑。此文之深于情者，故文传而情亦与之俱传。"从传之久远的最终目的来考量，困顿失志的友人，本身已无甚功绩可彰显，惟有借志传类文字方可传之于后，那么"工于写情，略于序事"不失为一种最佳的策略。抒发哀情虽然多用于为其亲友所作的碑志文，不如实录精神与尚简原则那样运用得普遍，但这种做法考虑到了碑志的文体特性，在其碑志文创作观中是弥足珍贵的。

综上，欧阳修的碑志文创作观主要建立在对碑志文昭德纪功、传之久远的文体职能的认识基础上，他将史家的实录精神与尚简原则引入碑志文创作，又依据与碑主的交谊适当调整叙事与言哀的比重，不拘一格，灵活多样，但最终目的是为了更好地实现碑主声名的传之久远。

以"传之久远"为旨归，坚持实录精神与尚简原则，既是欧

欧阳修

阳修碑志文创作观的核心,也是其经学观与史学观的核心,这主要缘于他对春秋笔法的继承。在《新五代史·梁本纪》中欧阳修曾论及对春秋笔法的理解:"圣人之于《春秋》,用意深,故能劝戒切,为言信,然后善恶明。"欧阳修认为孔子作《春秋》于微言大义中寄寓褒贬;于实录中明辨善恶。在《帝王世次图序》中,欧阳修还指出了孔子修史的具体做法:"方孔子时,周衰学废,先王之道不明,而异端之说并起。孔子患之,用修正《诗》《书》、史记,以止纷乱之说,而欲其传之信也。故略其远而详其近,于《书》断自唐、虞以来,著其大事可以为世法者而已。至于三皇五帝君臣世次皆未尝道者,以其世远而慎所不知也。"欧阳修指出,孔子为了做到实录,在叙事上遵循"略其远而详其近"、"著其大事可以为世法者"的原则。

欧阳修推尊孔子,坚持实录精神与叙事尚简的原则,与刘知几的史学观一致。刘知几在《史通》中指出:"夫史之称美者,以叙事为先。"并明确表示史传的叙事当以简要为主:"夫国史之美者,以叙事为工,而叙事之工者,以简要为主。简之时义大矣哉!"刘知几也将《尚书》与《春秋》作为史的典范:"其理谠而切,其文简而要,足以惩恶劝善,观风察俗者矣。"可见,在史学观上,欧阳修与刘知几十分相近。欧阳修为实现碑志文的"简而著"而采取的"纪大而略小"与其修史原则是一致的,也是对春秋笔法的有意借鉴。

《论尹师鲁墓志》一文中,欧阳修全面阐述了碑志文创作的原则,其中论及对春秋笔法的借鉴:

《春秋》之义,痛之益至则其辞益深,"子般卒"是

也。诗人之意,责之愈切则其言愈缓,"君子偕老"是也。不必号天叫屈,然后为师鲁称冤也。故于其铭文,但云"藏之深,固之密,石可朽,铭不灭",意谓举世无可告语,但深藏牢埋此铭,使其不朽,则后世必有知师鲁者。其语愈缓,其意愈切,诗人之义也。

所谓《春秋》之义,便是运用《春秋》笔法,用极简短的文字来表达极深的思想蕴涵;所谓诗人之意是指用极缓慢的语气来表达极深厚的思想感情。结合《帝王世次图序》来看,无论是《春秋》之义还是诗人之意,都是对孔子的修史与删诗原则的继承与发扬。欧阳修说过:"儒者学乎圣人,圣人之道直以简。"显然,欧阳修在碑志文创作上坚持叙事尚简的原则主要是继承孔子而来的。

然而,前人多认为欧阳修碑志文的叙事、剪裁多得《史记》《汉书》之风神,如茅坤曰:"世之论韩文者,其首称碑志,予独以韩公碑志多奇崛险谲,不得《史》《汉》序事法,故于风神处或少遒逸,予间亦镌记其劳。至于欧阳公碑志之文,可谓独得史迁之髓矣。"艾南英也认为:"传、志一事,古之史体,龙门而后,惟韩、欧无愧立言。观其剪裁详略,用意深远,得《史》《汉》之风神。"茅坤在韩碑与欧碑的对比中,认为韩碑不得《史》《汉》序事法,而欧碑更得史迁之髓。艾南英更是明确指出韩、欧碑志"剪裁详略,用意深远"方面,得《史》《汉》之风神。通过上文的分析可知,欧阳修坚持叙事尚简的原则直接源于对孔子《春秋》笔法的学习,而对司马迁《史记》的叙事,欧阳修颇有非议:

欧阳修

至有博学好奇之士，务多闻以为胜者，于是尽集诸说，而论次初无所择，而惟恐遗之也，如司马迁之《史记》是矣。以孔子之学，上述前世，止于尧、舜，著其大略，而不道其前。迁远出孔子之后，而乃上述黄帝以来，又详悉其世次，其不量力而务胜，宜其失之多也。

欧阳修批评司马迁《史记》对黄帝以来的世次叙述"务多闻以为胜"，违背实录精神；叙事上"论次初无所择"，也与他修史强调"铨次去取，须有义例"的原则不符。

当然，茅坤与艾南英也确实指出了欧碑以史笔为碑志的特色，只是欧碑"得史迁之髓处"不在叙事剪裁，而在人物形象的塑造。对此，我们可以在欧阳修的《桑怿传》中找到依据：

庐陵欧阳修曰：勇力人所有，而能知用其勇者少矣。若怿可谓义勇之士，其学问不深而能者，盖天性也。余固喜传人事，尤爱司马迁善传，而其所书皆伟烈奇节，士喜读之。欲学其作，而怪今人如迁所书者何少也，乃疑迁特雄文，善壮其说，而古人未必然也。乃得桑怿事，乃知古之人有然焉，迁书不诬也，知今人固有而但不尽知也。怿所为壮矣，而不知予文能如迁书使人读而喜否？姑次第之。

此段文字固然是揄扬桑怿的"伟烈奇节"，但是欧阳修明言十分喜爱司马迁的传记作品，认为司马迁的传记擅于书写传主的"伟烈奇节"，可读性非常强，并欲向之学习，所言当不为虚。

欧阳修在碑志文作品中也塑造了一系列个性鲜明、血肉丰满的人物形象，如范仲淹、黄梦升、王质、石曼卿等等。如《文正范公神道碑铭》写范仲淹年少的志向与抱负："公少有大节，于富贵、贫贱、毁誉、欢戚，不一动其心，而慨然有志于天下。常自诵曰：'士当先天下之忧而忧，后天下之乐而乐也。'"便是抓住了最符合碑主个性特征与胸襟气度之处。再如《黄梦升墓志铭》围绕黄梦升的意气自豪却不得志展开全篇，撷取与黄梦升交往的四个片断，展现黄梦升少时的意气自豪，终因世事的不如意而渐衰，独文章不衰的人生境遇，而作者对他的爱惜与悲哀之情也贯穿全篇。刘大櫆评此篇："欧公叙事之文，独得史迁风神。此篇遒宕古逸，当为墓志第一。"可见，欧阳修的碑志文得史迁风神处，当在人物形象的塑造上。如果说韩愈碑志，以刻意求奇来扭转六朝以来碑志文"千人一面"、"千篇一律"的创作弊端的话，欧阳修的碑志，则善于发掘人物最富个性的言行、遭遇，以纡缓委备的语言刻画人物，塑造有鲜明个性特点的人物形象。

欧阳修的碑志文创作观是其经学主张与史学主张在碑志文创作领域的投射，其坚持的实录精神与尚简原则可溯源至孔子，受春秋笔法的影响，而非司马迁的影响。至于人物形象的塑造与互见法的运用则是其得益于司马迁处。

欧阳修的碑志文创作观也受其文学观的统摄。具体到欧阳修的碑志文创作来看，修身、施事与见言的层次差异，在其对碑主生平事迹的选择上体现得也较为明显。对于那些有功烈可书者多侧重书写其事业；而对那些无功烈可书的文士，则侧重书写其所擅长的文的创作。例如苏洵与梅圣俞二人在事功上无甚可书之处，而梅圣俞工诗，苏洵擅文，欧阳修为二人作志铭便抓住这两点。

对此孙琮评曰:"圣俞工于诗,故墓志特表其诗;明允工于文,故墓志特表其文。作文士志铭,无事可述,不过如此。写圣俞工诗,名倾当世;写明允能文,亦名擅天下。写圣俞为诗,笑骂谑浪皆入于诗,何等怡愉;写明允为文,闭户发愤,抑不敢发,何等刻苦。写来又是绝对。"欧阳修在选材上匠心独运,彰显死者之"言",以实现死者生命价值的不朽。另外,他在文辞气力上又颇下功夫,力求"事信言文"以使仕宦不显的梅、苏二人借助他的文字可以传之久远。

在经学观、史学观与文学观的统摄下,欧阳修形成了较为系统的碑志文创作观。在对昭德纪功、传之久远的文体职能的认识上,对归功于上的写作传统的遵循上,体现了对传统铭文创作观的遵守;坚持实录精神与尚简原则,将史家笔法引入碑志文又是其经学观、史学观与文学观在碑志文创作领域的反映。无论是史、还是文,亦或是碑志,都要传之久远。为了传之久远,文要"事信而言文"、"所载者大且文";史要实录、"存其大要";碑要实录,要"简而著"、"纪大而略小"。因此,欧阳修的碑志文创作观与其史学观、文学观无论在"传之久远"的写作意图上,还是在实录精神的坚守上,以及叙事的剪裁上,都是内在统一的。

欧阳修坚持以实录精神创作碑志文,对六朝以至唐以来的碑志文作品过于溢美、内容失实的弊端起到了有效的纠偏作用;坚持尚简原则,也有力地扭转了六朝碑志日趋繁复的弊端;借鉴《史记》的人物形象塑造,扭转了六朝碑志"千人一面"、"千篇一律"的弊病。如果说蔡邕确立的逐节敷写式的碑志文写作程式,因韩愈的刻意求奇、不讲章法而一变的话,欧阳修的以史笔为碑志,有理论有实践,在蔡邕的碑文写作程式之外,另辟蹊径,为

碑志文的创作开辟了新路径。从此，在中国碑志文学史上，两条道路此消彼长，奠定了中国碑志文创作的基本走向。

然而，碑志文自有其文体特性，虽义近于史，但并不等同于史。欧阳修的碑志文创作观对碑志文的文体特性关注不够，这是其明显的不足之处。刘勰在《文心雕龙·诔碑》中对对碑文的创作体制及与史传的关系有明确规定："夫属碑之体，资乎史才。其序则传，其文则铭。标序盛德，必见清风之华；昭纪鸿懿，必见峻伟之烈：此碑之制也。"碑从体制上分为序与铭两部分：碑之序与传的写法相近，要求作者具备史家的叙事才能，叙述碑主的德烈功美；文的部分要采用铭的写法。欧阳修为尹师鲁所作墓志的铭文部分为："藏之深，固之密，石可朽，铭不灭"，当时就有人以"铭文不合不讲德"为由进行批评，欧阳修以自己采用《春秋》之义与诗人之意作为回应。可见，他过于注重春秋笔法，而忽略了碑志的文体特性。

刘勰又言："写实追虚，碑诔以立"。碑文的写作虽要求实录，但也并非一味求实，要恰当地处理虚实关系方为合体。对欧阳修坚持实录精神，讲究春秋笔法创作碑志文，需要辩证地看，这种做法既有其可取的一面，也有违背碑志文文体特性的一面，这是勿庸讳言的。自东汉时期碑文创作兴盛以来，实录与称美之间的矛盾，一直是人们关注的焦点。溢美违背实录原则，不信于世；完全实录又难以顾及碑志称美的文体特性，不合世人意。在中国古代尊史的传统下，在以史家身份自居创作碑志文的欧阳修那里，实录原则优先于称美原则，这符合史的规定性，但不合于碑志的文体特性，实录与称美之间的矛盾是无法解决的。

欧阳修

五、欧阳修的艺术观

欧阳修不仅在经学、史学、文学上有精深的造诣，还爱好书法、绘画，对琴艺也颇为精通。

（一）欧阳修谈书法

欧阳修并不以书法称名于世，但是他留下了大量的谈书法的文字，从中可见出他对书法的喜爱、练习书法的心得体会与对历代书家的评价。

其一，以学书为乐事

于书法一艺，欧阳修是作为一种爱好，当成一件人生乐事来对待的。比如他在《学书消日》中言：

> 自少所喜事多矣，中年以来渐已废去。或厌而不为，或好之未厌、力有不能而止者。其愈久愈深，而尤不厌者，书也。至于学字，为于不倦时，往往可以消日。乃知昔贤留意于此，不为无意也。

由这则记载可见，书法是欧阳修年少时便喜欢且"好而未厌"

的一项乐趣。但他并非苦心孤诣的练习书法，而只是在不疲倦时，借练书法以消磨时日。对于学书的乐趣，欧阳修的《学书为乐》说得十分明白：

苏子美尝言："明窗净几，笔砚纸墨皆极精良，亦自是人生一乐。"然能得此乐者甚稀，其不为外物移其好者，又特稀也。余晚知此趣，恨字体不工，不能到古人佳处。若以为乐，则自足有余。

欧阳修的好友苏子美以书法名重当时，他曾说过：于窗明几净之室内，所用的文房四宝都很精良，这实在是人生的一大乐事。可是，世间之人多为外物缠绕其心，能得书法之乐得人很少，能坚持不被外物改变喜好的人，更加少了。欧阳修说他晚年才知书法之趣，可惜的是"字体不工"，但是足以自愉自乐了。欧阳修正是抱着这样一种以学书为乐的心态，因此，他谈书法的文字中不时流露出这种意趣，如《学真草书》与《学书工拙》两则文字：

自此以后，只日学草书，双日学真书。真书兼行，草书兼楷。十年不倦，当得名，然虚名已得，而真气耗矣。万事莫不皆然，有以寓其意，不知身之为劳也；有以乐其心，不知物之为累也。然则自古无不累心之物，而有为物所乐之心。（《学真草书》）

每书字，尝自嫌其不佳，而见者或称其可取。尝有初不自喜，隔数日视之，颇若稍可爱者。然此初欲寓其心以销日，何用较其工拙而区区于此，遂成一役之劳，

欧阳修

岂非人心蔽于好胜邪？（《学书工拙》）

从这两则文字中，我们可看出欧阳修学书的乐趣。他那种不为外物所累的达观心态渗透在书法的学习中。在《学书工拙》中欧阳修将学书人的微妙心理传达出来了。起初学书时，是为了"寓其心以销日"不计较字的工与拙。可是，经常会出现这样的情况，字写出来，自己觉得不佳，可是别人见了以为可取；或者，初看不喜欢，隔几天再看颇觉可爱的。欧阳修认为人心难免会蔽于好胜，因此会为物役所劳。在《作字要熟》一则中，欧阳修说：

作字要熟，熟则神气完实而有余。于静坐中自是一乐事，然患少暇，岂其于乐处常不足邪？

欧阳修认为字写得熟，熟才能神气充沛。静坐中写字是种乐事，只是少闲暇此乐常不足啊。欧阳修曾得法帖一部，非常高兴，曾写下两则文字：

吾有《集古录》一千卷，晚又得此法帖，归老之计足矣。寓心于此，其乐可涯。

老年病目，不能读书，又艰于执笔。惟此与《集古录》可以把玩，而不欲屡阅者，留为归颍销日之乐也。盖物维不足，然后其乐无穷，使其力至于劳，则有时而厌尔。然内乐犹有待于外物，则退之所谓"著山林与著城郭何异"，宜为有道者所笑也。

欧阳修醉书于古人书法，以做"归老之计"，可见书法之乐趣胜过对书艺之讲求。

其二，认为学书不可无法

欧阳修虽不是一位书法名家，但他收集断碑残石，对古人书法颇有品鉴之功夫，加之又有书法实践，因此，他的书法主张还是颇有见地的。欧阳修的书法主张概括说来便是认为学书不可无法，反对不守法度，刻意求奇求怪。他的这一书法主张在《与石推官第一书》和《与石推官第二书》中阐述得十分清楚：

> 君贶家有足下手作书一通，及有二像记石本。始见之，骇然不可识；徐而视定，辨其点画，乃可渐通。吁，何怪之甚也！既而持以问人，曰："是不能乎书者邪？"曰："非不能也。""书之法当尔邪？"曰："非也。""古有之乎？"曰："无。""今有之乎？"亦曰："无也。""然则何谓而若是？"曰："特欲与世异而已。"修闻君子之于学，是而已，不闻为异也，好学莫如扬雄，亦曰如此。然古之人或有称独行而高世者，考其行，亦不过乎君子，但与世之庸人不合尔。行非异世，盖人不及而反弃之，举世斥以为异者欤。及其过，圣人犹欲就之于中庸。况今书前不师乎古，后不足以为来者法。虽天下皆好之，犹不可为。况天下皆非之，乃独为之，何也？是果好异以取高欤？然响谓公操能使人誉者，岂其履中道、秉常德而然欤，抑亦昂然自异以惊世人而得之欤？古之教童子者，立必正，听不倾，常视之毋诳，勤谨乎其始，惟恐其见异而惑也。今足下端然居乎学舍，

欧阳修

以教人为师，而反率然以自异，顾学者何所法哉？不幸学者皆从而效之，足下又果为独异乎！今不急止，则惧他日有责后生之好怪者，推其事，罪以奉归，此修所以为忧而敢告也，惟幸察之。（《与石推官第一书》）

在封书信中，欧阳修就石介为书刻意与世人不同提出了委婉的批评，可是石介看了书信后，误解了欧阳修的意思，于是欧阳修又做《与石推官第二书》详细阐明了自己的书法主张：

夫书，一艺尔，人或不能，与忽不学，特不必论，是以默默然。

……

足下谓世之善书者，能钟、王、虞、柳，不过一艺，己之所学乃尧、舜、周、孔之道，不必善书；又云因仆之言欲勉学之者，此皆非也。夫所谓钟、王、虞、柳之书者，非独足下薄之，仆固亦薄之矣。世之有好学其书而悦之者，与嗜饮茗、阅画图无异，但其性之一僻尔，岂君子之所务乎？然至于书，则不可无法。古之始有文字也，务乎记事，而因物取类为其象。故《周礼》六艺有六书之学，其点画曲直皆有其说。扬子曰"断木为棋，梡革为鞠，亦皆有法焉"，而况书乎？今虽隶字已变于古，而变古为隶者非圣人，不足师法，然其点画曲直犹有准则，如毋母、彳亻之相近，易之则乱而不可读矣。今足下以其直者为斜，以其方者为圆，而曰我第行尧、舜、周、孔之道，此甚不可也。譬如设馔于案，加帽于

首、正襟而坐然后食者，此世人常尔。若其纳足于帽，反衣而衣，坐乎案上，以饭实酒卮而食，曰我行尧、舜、周、孔之道者，以此之于世可乎？不可也。则书虽末事，而当从常法，不可以为怪，亦犹是矣。然足下了不省仆之意，凡仆之所陈者，非论书之善不善，但患乎近怪自异以惑后生也。若果不能，又何必学，仆岂区区劝足下以学书者乎！

欧阳修明确主张，书"不可无法"，点画曲直都要按准则来写，反对刻意求奇求怪的倾向。从两封书信中，我们可以看出，欧阳修的书法主张与其经学主张在内在理路上仍然是相通的。书法虽为末事，也"当从常法，不可以为怪"，与他的以经为本的主张是一致的。欧阳修在谈论书法时，特别注重笔法。比如他在《学书二首》其一中讲："苏子归黄泉，笔法遂中绝。赖有蔡君谟，名声驰晚节。醉翁不量力，每欲追其辙。人生浪自苦，以取儿女悦。岂止学书然，自悔从今决。"认为苏子美死后，笔法就中绝了。他在《用笔之法》这则文字中说：

> 苏子美尝言用笔之法，此乃柳公权之法也。亦尝较之，斜正之间便分工拙，能知此及虚腕，则羲、献之书可以意得也。因知万事皆有法，杨子云断木为棋、刓革为鞠，亦皆有法，岂正得此也？

"万事皆有法"，学书也当讲求用笔的法度规则。可见，欧阳修对笔法的看重。在《李邕书》中，欧阳修谈到李邕的书法：

欧阳修

　　余始得李邕书，不甚好之，然疑邕以书自名，必有深趣。及看之久，遂谓他书少及者。得之最晚，好之尤笃，譬犹结交，其始也难，则其合也必久。余虽因邕书得笔法，然为字绝不相类，岂得其意而忘其形者邪？因见邕书，追求钟、王以来字法，皆可以通。然邕书未必独然，凡学书者得其一，可以通其余。余偶从邕书而得之耳。

欧阳修从李邕的书法中悟得笔法，但是得其意而忘其形，在字形上与李邕字并不相似。他又从李邕的书法进而悟入钟、王以来的字法，认为字法是相通的，学书者从一家悟入即可。欧阳修对笔法是十分看重的，无论是鉴赏还是学书的体会，都首重笔法。对于学书欧阳修也有自己的方便法门，他说："学书不必愈精疲神于笔砚，多阅古人遗迹，求其用意，所得亦多。"

欧阳修在鉴赏书法时，多运用笔法。在作《集古录跋尾》时，对前代的残碑书写前代不详的，也往往依据笔法来断定年代。如在《唐人书杨公史传记》中记载：

　　右《杨公史传记》，文字讹缺。原作者之意，所以刻之金石者，欲为公不朽计也。碑无年月，不知何时？然其字画之法，乃唐人所书尔。今才几时，而摩灭若此，然则金石果能传不朽邪？杨公之所以不朽者，果待金石之传邪？凡物有形必有终敝，自古圣贤之传也，非皆托于物，固能无穷也。乃知为善之坚，坚于金石也。嘉祐八年十一月二十日书。

"然其字画之法，乃唐人所书尔"表明欧阳修在断定碑的年代时主要依据的是笔法。如在《唐高重碑跋尾》中说：

右《高重碑》，元裕撰，柳公权书。唐世碑刻，颜、柳二公书尤多，而字体笔画往往不同。虽其意趣或出于临时，而亦系于模勒之工拙，然其大法则常在也。此碑字画锋力俱完，故特为佳，矧其墨迹，想宜如何也！

对颜真卿、柳公权二人的书法的评价，也着眼于字体笔画的不同。可见欧阳修非常重视笔法，并在学习书法与鉴赏书法运用笔法规则。

其三，欧阳修的书法鉴赏

在《集古录跋尾》以及一些杂题跋中不乏欧阳修对前人书法的评价。在这些评价中，不仅蕴含了欧阳修重笔法的书论主张，还有书法史的意义。如《跋永城县学记》：

唐世执笔之士，工书者十八九，盖自魏、晋以来风流相承，家传少习，故易为能也。下逮懿、僖、昭、哀，衰亡之乱，宜不暇矣。接乎五代，四海分裂，士大夫生长干戈于积尸白刃之间，时时犹有以挥翰驰名于当世者，岂又唐之余习乎？如王文秉之小篆，李鹗、郭忠恕之楷法，杨凝式之行草。至于罗绍威、钱俶，皆武夫骄将之子，酣乐于狗马声色者，其于字画，亦有以过人。

及宋一天下，于今百年，儒学称盛矣，唯以翰墨之

妙，中间寂寥者久之，岂其忽而不为乎？将俗尚苟简，废而不振乎？抑亦难能而罕至也？盖久而得三人焉，响时苏子美兄弟以行草称，自二子亡，而君谟书特出于世。

君谟笔有师法，真草惟意所为，动造精绝，世人多藏以为宝，而予得之尤多，若《荔枝谱》《永城县学记》，笔画尤精而有法者。故聊志之，俾世藏之，知余所好而吾家之有此物也。

欧阳修注意到唐代的执笔之士，十有八九都工于书法，其原因大概是承魏晋而来，"家传少习"的结果。可是，五代纷扰之际，四海分裂，亦不乏书家，难道是承唐之余习的结果吗？到了宋代，百年间，儒家称盛，可以书名家的不过三人而已，欧阳修对宋代书法不振是颇为忧心的。在《郭忠恕小字说文字源》的跋尾中也抒发了这种忧虑："五代干戈之际，学校废，是谓君子道消之时，然犹有如忠恕者。国家为国百年，天下无事，儒学盛矣，独于字书忽废，岁于中绝。今求如忠恕小楷不可得也，故余每与君谟叹息于此也。"欧阳修的评价可为修书法史者借鉴，如他对王文秉的评价：

右《紫阳石磬铭》。余独录于此而不附他书者，文秉之书罕见于今也。小篆自李阳冰后未见工者，文秉江南人，其字画之精远过徐铉，而中朝之士不知文秉，但称徐常侍者，铉以文章有重名于当时故也。"岁在辛酉"，晋天福六年，李昪之昪元五年也。五代干戈之际，士之艺有至于斯者，太平之世，学者可不勉哉！（《王文秉紫阳石磬铭》）

欧阳修认为王文秉的书法成就远在徐铉之上，可因徐铉以文章名重当时，书名也被世人所因，王文秉的书名反被淹没，实在可惜。因此，欧阳修的《集古录跋尾》与杂题跋中蕴含了非常宝贵的书法史方面的材料，值得我们去挖掘。

欧阳修认为宋代书家以苏子美兄弟与蔡君谟最为杰出。他评价苏子美与蔡君谟的书法也较多，尤其是后者。欧阳修对蔡君谟的书法有比较全面的评价。评价其笔法有："君谟笔有师法"、"笔画尤精而有法"。还有评价其各体字的成就的如《牡丹记跋尾》：

> 右蔡君谟之书，八分、散隶、正楷、行狎、大小草众体皆精。其平生手书小简、残篇断稿，时人得者甚多，惟不肯与人书石，而独喜书余文也。若《陈文宪公神道碑铭》《薛将军碣》《真州东园记》《杭州有美堂记》《相州画锦堂记》，余家《集古录目序》，皆公之所书。最后又书此记，刻而自藏于其家。方走人于亳，以模本遗予，使者未复于闽，而凶讣已至于亳矣，盖其绝笔于斯文也。于戏！君谟之笔既不可复得，而予亦老病不能文者久矣，于是可不惜哉！故书以传两家子孙。

欧阳修认为蔡君谟"众体皆精"，并且刻石文字极少，唯独喜欢书写欧阳修的文字。在《跋茶录》中评价了蔡君谟的小字：

> 善为书者以真楷为难，而真楷又以小字为难。羲、献以来遗迹见于今者多矣，小楷惟《乐毅论》一篇而已。

欧阳修

今世俗所传，出故高绅学士家最为真本，而断裂之余，仅存者百余字尔。此外吾家率更所书《温彦博墓铭》，亦为绝笔。率更书世固不少，而小字亦止此而已，以此见前人于小楷皆工，而传于世者少而难得也。

君谟小字新出而传者二，《集古录目序》横逸飘发，而《茶录》劲实端严，为体虽殊，而各极其妙。盖学之至者，意之所到必造其精。予非知书者，以接君谟之论久，故亦粗识其一二焉。

欧阳修认为真楷字难写，小字更为难写，因此世间流传的小楷尤其珍贵难得。蔡君谟为其书写的《集古录目序》与《茶录》均为小字，风格不则，但都"各极其妙"十分难得。这里，欧阳修也指出了学书的最高境界，便是"意之所到必造其精"。这表明他的书法理论除了重视笔法之外，还重视意。这便与他的画论有相通之处了。

（二）欧阳修谈绘画

欧阳修谈画的文字虽不多，但是也蕴含了他对绘画鉴赏方面的一些心得体会。在《鉴画》中说：

萧条淡泊，此难画之意，画者得之，览者未必识也。故飞走、迟速、意浅之物易见，而闲和、严静、趣远之心难形。若乃高下向背、远近重复，此画工之艺尔，非精鉴者之能事也。不知此论为是否？余非知画者，强为之说，但恐未必然也。然世谓好画者，亦未必能知此也。

此字不乃伤俗邪。

欧阳修认为绘画以画意为难，画工难画，纵然画出，览者也未必识得出。在《盘车图》诗中欧阳修也有类似的主张：

> 古画画意不画形，梅诗咏物无隐情。忘形得意知者寡，不若见诗如见画。乃知杨生真好奇，此画此诗兼有之。乐能自足乃为富，岂必金玉名高资。朝看画，暮读诗，杨生得此可不饥。

这首诗是欧阳修对一幅画与梅圣俞的题画诗的评价。对画与题画诗欧阳修都给出了高度评价。"古画画意不画形"，论画以意为先与《鉴画》中的主张是一致的。在《题薛公期画》中，欧阳修说：

> 善言画者多云鬼神易为工，以谓画以形似为难，鬼神人不见也。然至其阴威惨淡，变化超腾，而穷奇极怪，使人见辄惊绝，及徐而定视，则千状万态，笔简而意足，是不亦为难哉？此画虽传自妙本，然其笔力精劲，亦自有嘉处。

论画者认为画鬼神容易，实际上持的主张是"画以形似为难"。欧阳修主张"笔简而意足"是更难达到的境界。欧阳修论画文字虽不多，但"画意为难"的观点是十分鲜明的。

欧阳修

(三) 欧阳修说琴

酒与琴,愉情养性,是欧阳修生活的重要组成部分。这由他晚年自号"六一居士"可见一斑。在《六一居士自序》中欧阳修释"六一":

> 六一居士初谪滁山,自号醉翁。既老而衰且病,将退休于颍水之上,则又更号六一居士。客有问曰:"六一,何谓也?"居士曰:"吾家藏书一万卷,集录三代以来金石遗文一千卷,有琴一张,有棋一局,而常置酒一壶。"客曰:"是为五一尔,奈何?"居士曰:"以吾一翁,老于此五物之间,是岂不为六一乎?"

由这段自序可看出,琴与酒在欧阳修生活中的重要。欧阳修在皇祐二年所作的《寄圣俞》诗中有句:"壮心销尽忆闲处,生计易才疏畦。优游琴酒逐渔钓,上下林壑相攀跻。及身强健始为乐,莫待衰病须扶携。行当买田清颍上,与子相伴把锄犁。"与梅圣俞相约买田颍上,过归隐的生活。琴与酒是归隐生活的娱乐方式。那么,琴在欧阳修的生活中到底发挥了怎样的作用呢?

首先,借弹琴以自娱自适。

欧阳修对琴的喜欢非一朝一夕,由来久矣,在《三琴记》中,他说:

> 余自少不喜郑卫,独爱琴声,尤爱《小流水曲》。平生患难,南北奔驰,琴曲率皆废忘,独《流水》一曲梦

寝不忘，今老矣，独时时能作之。其他还过数小调弄，足以自娱。琴曲不必多学，要于自适；琴亦不必多藏，然业已有之，亦不必以患多而弃也。

欧阳修自少喜琴声，晚年时时作《流水》曲以自娱。他以琴的态度是自娱自乐，因此，他主张，不必多学琴曲，能自适即可；也必多收藏琴，对已有的，也不必担心多而丢弃。他对琴是抱着一种自娱自适的态度的。《夜坐弹琴有感二首呈圣俞》其一云：

吾爱陶靖节，有琴常自随。无弦人莫听，此乐有谁知。君子笃自信，众人喜随时。其中苟有得，外物竟何为。寄谢伯牙子，何须钟子期。

欧阳修喜陶渊明谈无弦琴以自娱，认为君子要自信笃定，不必在意外界的评价。对千古传诵的俞伯牙与钟子期知音难遇的故事，他反其意而用之，如果能自适，无需知音赏。在《书琴阮记后》中，他说：

余为夷陵令时，得琴一张于河南刘几，盖常琴也。后作舍人，又得琴一张，乃张越琴也。后作学士，又得琴一张，则雷琴也。官愈高，琴愈贵，而意愈不乐。在夷陵时，青山绿水，日在目前，无复俗累，琴虽不佳，意则萧然自释。乃做舍人、学士，日奔走于尘土中，声利扰扰盈前，无复清思；琴虽佳，意则昏杂，何由有乐？乃知在人不在器，若有以自适，无弦可也。

欧阳修

欧阳修自述自己得琴的经历与体会：官愈高所得之琴愈贵重，而意愈不乐。为什么会这样呢？是因为被贬夷陵时，官位虽低，但日日见青山绿水，又不被世俗所累，虽然琴非名琴，但"萧然自释"，很是惬意。等到官位愈高，尘世的烦扰愈多，"意则昏杂"，便少有乐趣了。因此，欧阳修说，人生贵在"自适"，而这种自适心境的获得，在于人自身，而不在所用器物的贵贱与否。

其次，借弹琴以修身养性。

《送杨寘序》是欧阳修系统阐述琴的功用的一篇文字，现录之如下：

予尝有幽忧之疾，退而闲居，不能治也。既而学琴于友人孙道滋，受宫声数引，久而乐之，不知疾之在其体也。夫疾，生乎忧者也。药之毒者能攻其疾之聚，不若声之至者能和其心之所不平。心而平，不和者和，则疾之忘也宜哉。

夫琴之为技小矣，及其至也，大者为宫，细者为羽，操弦骤作，忽然变之，急者凄然以促，缓者舒然以和。如崩崖裂石，高山出泉，而风雨夜至也；如怨夫寡妇之叹息，雌雄雍雍之相鸣也。其忧深思远，则舜与文王、孔子之遗音也；悲愁感愤，则伯奇孤子、屈原忠世之所叹也。喜怒哀乐，动人心深。而纯古淡泊，与夫尧舜三代之言语、孔子之文章、《易》之忧患、《诗》之怨刺无以异。其能听之以耳，应之以手，取其和者，道其堙郁，写其忧思，则感人之际亦有至者矣。是不可以不学也。

欧阳修认为琴有愉情养性之功效。人的疾患多生于忧患，琴声导引能使心气和平，忘记身体的疾痛。如果琴技达到极至与尧舜三代之言语、孔子的文章、《易》的忧患、《诗》的怨刺没有分别，都可以泄导人的忧思，感动人的性灵。琴对于渲泻人的情感，愉情养性有着不可替代的作用，因此不可不学琴。

在《琴枕说》中，欧阳修还指出琴的又一个作用：

> 介甫尝言夏月昼睡方枕为佳，问其何理，云睡久气蒸枕热，则转一方冷处。然则真知睡者邪。余谓夜弹琴唯石晖为佳，盖金蚌、琴瑟之类皆有光色，灯烛照之则炫耀，非老翁夜视所宜。白石照之无光，唯目昏者为便。介甫知睡，真懒者；余知琴晖，直以老而目暗耳，是皆可笑。余家石晖琴得之二十年，昨因患两手中指拘挛，医者言唯数运动，以导其气之滞者，谓唯弹琴为可。亦寻理得十余年已忘诸曲。物理损益相因，固不能穷至于如此。老庄之徒，多寓物以尽人情。信有以也哉！

由此篇可见欧阳修之情趣。他认为夜弹琴当以石晖琴为佳，理由是石晖琴在烛光下不会反光，适宜眼花目暗之人弹奏。欧阳修曾患指疾，医生建议以弹琴做手指运动，以疏导"气之滞者"。可见琴在欧阳修生活中是必备不可缺之物。

欧阳修与琴师也有交往，有多首诗歌记载他与琴师之交游及论琴之文字，如《赠沈遵》：

欧阳修

予昔于滁州作醉翁亭于琅琊山,有记刻石,往往传人间。太常博士沈遵,好奇之士也,闻而往游焉。爱其山水,归而以琴写之,作《醉翁吟》一调,惜不以传人者五六年矣。去年冬,予奉使契丹,沈君会予恩冀之间。夜阑酒半,出琴而作之。予既嘉君之好尚,又爱其琴声,乃作歌以赠之。

群动夜息浮云阴,沈夫子弹《醉翁吟》。《醉翁吟》,以我名,我初闻之喜且惊。宫声三叠何泠泠,酒行暂止四坐倾。有如风轻日暖好鸟语,夜静山响春泉鸣。坐思千岩万壑醉眠处,写君三尺膝上横。沈夫子,恨君不为醉翁客,不见翁醉山间亭。翁叹不待丝与竹,把酒终日听泉声。有时醉倒枕溪石,青山白云为枕屏。花间百鸟唤不觉,日落山风吹自醒。我时四十犹强力,自号醉翁聊戏客。尔来忧患十年间,鬓发未老嗟先白。滁人思我虽未忘,见我今应不能识。沈夫子,爱君一尊复一琴,万事不可干其心。自非曾是醉翁客,莫向俗耳求知音。

在这首诗的序中欧阳修交待了作诗的缘起。当年欧阳修被贬滁州时,游琅琊山上醉翁亭,并作《醉翁亭记》刻石,流传人间。太常博士沈遵,听说后去往滁州游览,爱滁之山水,作《醉翁吟》曲。欧阳修出使契丹时,与沈遵相会,于夜阑酒半之际,沈遵弹奏此曲,欧阳修作诗赠给沈遵。诗中,对沈遵的高超琴技以及带给听者的绝妙感受有细致传神的描绘,如"宫声三叠何泠泠,酒行暂止四坐倾。有如风轻日暖好鸟语,夜静山响春泉鸣。"此曲唤起了欧阳修对滁州岁月的怀念:"有时醉倒枕溪石,青山白云为

枕屏。花间百鸟唤不觉，日落山风吹自醒。"可叹的是离滁之后人未老而发先白，滁人见了当不认识了。诗歌末尾，欧阳修赞赏沈遵琴酒自适，"万事不可干其心"的超凡脱俗。在《赠沈博士歌》一诗中也表达了类似的情感：

沈夫子，胡为《醉翁吟》？醉翁岂能知尔琴。滁山高绝滁水深，空岩悲风夜吹林。山溜白玉悬青岑，一泻万仞源莫寻。醉翁每来喜登临，醉倒石上遗其簪。云荒石老岁月侵，子有三尺徽黄金，写我幽思穷崎嶔。自言爱此万仞水，谓是太古之遗音。泉淙石乱到不平，指下呜咽悲人心。时时弄余声，言语软滑如春禽。嗟乎沈夫子，尔琴诚工弹且止！我昔被谪居滁山，名虽为翁实少年。坐中醉客谁最贤，杜彬琵琶皮作弦。自从彬死世莫传，玉连锁声入黄泉。死生聚散日零落，耳冷心衰翁索莫。国恩未报惭禄厚，世事多虞嗟力薄。颜摧鬓改真一翁，心以忧醉安知乐。沈夫子谓我：翁言何苦悲？人生百年间，饮酒能几时！揽衣推琴起视夜，仰见河汉西南移。

如果说沈遵的《醉翁吟》唤起了欧阳修对滁州岁月的无限追忆与对人生浮沉起落的思索，那么与无为军李道士的交往，欧阳修更多的是对琴理的参透：

无为道士三尺琴，中有万古无穷音。音如石上泻流水，泻之不竭由源深。弹虽在指声在意，听不以耳而以心。心意既得形骸忘，不觉天地白日愁云阴。

欧阳修

李师琴纹如卧蛇，一弹使我三咨嗟。五音商羽主肃杀，飒飒坐上风吹沙。忽然黄钟回暖律，当冬草木皆萌芽。郡斋日午公事退，荒凉树石相交加。李师一弹凤凰声，空山百鸟停呕哑。我怪李师年七十，面目明秀光如霞。问胡以然笑语我，慎勿辛苦求丹砂。惟当养其根，自然烨其华。又云理身如理琴，正声不可干以邪。我听其言未云足，野鹤何事还思家。抱琴揖我出门去，猎猎归袖风中斜。《赠无为军李道士二首》

第一首诗写听李师谈琴的美妙感受：弹者在意，听者以心不以耳。心意既得之后忘却形骸，与天地万物融为一体。第二首先是正面描写李师的琴技，后借与李师之对话，由理琴上升到理身："惟当养其根，自然烨其华。"

欧阳修论琴重在琴意。如在《弹琴效贾岛体》一诗中云："古人不可见，古人琴可弹。弹为古曲声，如与古人言。琴声虽可听，琴意谁能论。"再如《江上弹琴》诗云："咏歌文王《雅》，怨刺《离骚经》。二《典》意澹薄，三《盘》语丁宁。琴声虽可状，琴意谁可听？"可见，欧阳修的琴论书论、画论都重在"意"，这点上是内在相通的。

欧阳修是位很有艺术修养的人，他爱好书法，喜欢弹琴，并对书、画、琴有独到的鉴赏功夫。由《六一居士自叙》中可看出他也爱好棋艺，但谈棋的文字不多，他对棋的见解无从知晓。可见，欧阳修于琴、棋、书、画样样皆通。宋代文人士大夫，在琴、棋、书、画上颇为用心，这种雅趣虽不能说肇端于欧阳修，但欧阳修身上确实反映了宋代社会的这种风尚，是宋代文人士大夫的典型代表。

附录　欧阳修简谱

宋真宗景德四年丁未（1007）　1岁

农历六月二十一日（公历8月6日），生于绵州（今四川绵阳）父任所。父观，时任绵州军事推官，母郑氏，为江南名族。

大中祥符元年戊申（1008）　2岁

戊辰六日，大赦，改元，群臣加恩赐。
是年，韩琦生。有《安阳集》五十卷。
赵抃生。有《赵清献集》。

大中祥符二年己酉（1009）　3岁

春正月，癸亥，以封禅庆成，赐宗室、辅臣袭衣、金带、器币。
庚午，下诏："读非圣之书及属辞浮靡者，皆严谴之。已镂板文集，令转运司择官看详，可者录奏。"
是年，李觏生。有《盱江集》三十卷。
苏洵生。有《嘉祐集》二十卷，父子均知名。

大中祥符三年庚戌（1010） 4岁

三月，父观卒于泰州军事判官任所。母郑氏守节自誓，家贫，携修往依叔随州，遂家于随。母以荻画地学书，教以读书为文。

是年，龚鼎臣生。有《东原集》五十卷。

大中祥符四年辛亥（1011） 5岁

葬父观于吉水县泷岗。

是年，吕蒙正生。

邵雍生。

大中祥符五年壬子（1012） 6岁

十月己未二十五日，大赦天下。赐致仕官全奉。

是年，蔡襄生。有《蔡忠惠集》三十六卷。

王拱辰生。有文集七十卷。

大中祥符九年癸丑（1016） 10岁

在随，家益贫，常借书抄读。州南有大姓李氏子尧辅（字公佐）颇好学。修常游其家，见其弊筐贮故书，得《昌黎先生文集》（残本）六卷，乞李氏以归，读之。见其言深厚而雄博，然年少，未能悉究其义，徒见其浩然无涯，甚可爱。是时天下学者，杨刘之作，号为时文。能者取科第擅声名，以夸耀当世，未尝有道韩文者。修昼夜忘寝食，惟读书是务。自幼所作诗赋文字，下笔已如成人。欧阳晔谓其母曰："嫂母以家贫子幼为念，此奇儿也。不惟起家以大吾门，他日必名重当世。"

天禧三年己未（1019） 13 岁

十一月辛未十九日，南郊祀，大赦天下。

是年，曾巩、王珪、王安石、司马光生。

天圣元年癸亥（1023） 17 岁

秋，应举随州。试左氏失之诬论。坐赋逸韵，为有司所黜。而其警句，人已传诵。

是年，寇准卒于雷州。

刘敞生。

天圣四年丙寅（1026） 20 岁

秋，自随州荐名于礼部。

天圣五年丁卯（1027） 21 岁

春，应礼部试，未中。

天圣六年戊辰（1028） 22 岁

携文谒胥偃于汉阳，偃大奇之，留置门下。冬，偃携修泛江，如京师，为之称誉诸公之间。

是年，林逋卒，赐谥和靖先生。有《和靖诗集》。

天圣七年己巳（1029） 23 岁

春，以《玉不琢不成器赋》与国子监试为第一，补广文馆生。

秋，赴国学解试，又第一。

是年，沈括生。

天圣八年庚午（1030） 24 岁

正月，试礼部，资政殿学士晏殊权知贡举，复为第一。三月，御试崇政殿，甲科第十四名。"虽中甲科，人犹以不魁多士为恨"。该科状元为王拱辰，共录二百四十九人。另有同年刘沆、孙抃、蔡襄、田况、孙甫、刘涣、王素、石介等。五月，授将仕郎，试秘书省校书郎，充西京留守推官。

有《省试司空掌舆地图赋》《南省试策五道》《谢进士及第启》等。

天圣九年辛未（1031） 25 岁

三月，至西京，补留守推官，钱惟演为留守。府多名士，始从尹师鲁游，为古文，议论当世事，迭相师友。与梅圣俞游，为歌诗相倡和，遂以文章名冠天下。因出所藏昌黎集而补轶缀之，求人家所有旧本而校定之。亲迎胥偃女于东武。

明道元年壬申（1032） 26 岁

春，与杨愈、张谷、陈经游龙门，与梅尧臣、杨愈游嵩山。九月，与谢绛、杨愈、尹洙等再游嵩山。

有《游龙门分题十一首》《游龙门分题四首》《嵩山十二首》《与谢三学士绛唱和》《双桂楼》等诗，文《送梅圣俞归河阳序》《书梅圣俞稿后》《戕竹记》等。

明道二年癸酉（1033） 27 岁

正月，以吏事如京师，省叔晔于随州。三月，还洛阳，夫人胥氏卒，时年方十七，生子未逾月。九月，钱惟演去西京，王曙继之，旋迁枢密使。庄献刘后、庄懿李后附葬定陵，修至巩县陪祭。十二月，进阶承奉郎。

是年十月辛亥，仕宗谕辅臣："近岁进士所赋多浮华，而学古者或不可以自进，宜令有司兼以策论取之。"十一月，以翰林学士承旨盛度请命官刊修《唐书》。

杨大雅卒。

有《绿竹堂独饮》《别圣俞》等诗，文《述梦赋》《送廖倚归衡山序》《上范司谏书》《与张秀才第一书》《与张秀才第二书》等。

景祐元年甲戌（1034） 28岁

三月，西京秩满，归襄城，五月，如京师，因王曙推荐，试学士院。闰六月，授宣德郎，试大理评事，兼监察御史，充镇南军节度掌书记，馆阁校勘。七月，预修《崇文总目》。

是年，再娶谏议大夫杨大雅之女。

有《赠梅圣俞》《送谢希深学士北使》《送廖八下第归衡山》等诗。文《与范希文书》《代人上王枢密求先集序》《与黄校书论文章书》等。

景祐二年乙亥（1035） 29岁

七月，胞妹夫张龟正，病逝于襄城，请假往吊。修妹携张前妻女来依。九月，夫人杨氏病故，年方十八。

有《与石推官第一书》、《与石推官第二书》《答孙正之第一

书》等文。

景祐三年丙子（1036） 30岁

范仲淹言事忤宰相吕夷简，落职，徙知饶州。修贻书切责司谏高若讷，得罪，五月，降为峡州夷陵县令。

是年，苏轼生。

有《初出真州泛大江作》《晚泊岳阳》《初至夷陵答苏子美见寄》等诗。文《原弊》《与高司谏书》《与尹师鲁第一书》《读李翱文》《夷陵县至喜堂记》《黄杨树子赋》等。

景祐四年丁丑（1037） 31岁

三月，告假至许昌，娶资政殿学士薛简肃公（奎）女为继室。四月，叔晔卒，赴随州奔丧。九月，还夷陵。十二月，移光化军乾德令。

是年，于《易》《春秋》多所发明。

有《夷陵九咏》《戏答元珍》《答谢景山遗古瓦砚歌》《寄梅圣俞》等诗，文《与尹师鲁第二书》《与乐秀才第一书》《答祖择之书》《答吴充秀才书》《易童子问》《易或问》《诗解》《春秋论》《春秋或问》等。

宝元元年戊寅（1038） 32岁

三月，赴乾德任职。

十月丙寅三日，诏戒百官朋党。李若谷建言：近岁风俗薄恶，专以朋党污善良。盖君子小人，各有其类，今概以朋党名之，恐正臣无以自立。帝是其言。

有《离峡州后回寄元珍表臣》《送琴僧知白》《寄圣俞》等诗，文《游儵亭记》《答孙正之第二书》《答李淑内翰书》《资政殿学士尚书户部侍郎薛公（奎）墓志铭》等。

宝元二年己卯（1039） 33岁

二月，谢绛出守邓州，梅尧臣将宰襄城，公与绛偕行。五月，谒告往会，留旬日而返。六月，复旧职，权武成军节度判官。自乾德奉母待次于南阳。八月，胥偃卒。十一月，谢绛卒，十二月，暂留襄城。

是年，苏辙生。

有《答梅圣俞寺丞见寄》《酬圣俞朔风见寄》等诗，文《与刁景纯书》等。

康定元年庚辰（1040） 34岁

春，赴滑州。五月，范仲淹起为陕西经略招讨安抚使，辟修掌书记，辞不就。六月召还，复充馆阁校勘，仍修《崇文总目》。十月，转太子中允。同修礼书。

是年，子发生。

有《依韵和圣俞见寄》《谢公挽词三首》等诗，文《纵囚论》《尚书兵部员外郎知制诰谢公墓志铭》《通进司上书》《正统论》《或问》《魏梁解》等。

庆历元年辛巳（1041） 35岁

五月，权同知太常礼院，以见修《崇文总目辞》辞，许之。十二月，加骑都尉。《崇文总目》六十卷成，改集贤校理。

是年，石延年卒。

有《哭曼卿》，《圣俞会饮》《赠杜默》《送昙颖归庐山》等诗，文《石曼卿墓表》《释惟俨文集序》等。

庆历二年壬午（1042） 36岁

正月，考试别头举人。三月，御试进士《应天以实不以文赋》，修拟进一首，敕书奖谕。四月，复差同知礼院。契丹遣泛使求关南地，宰相吕夷简荐富弼报聘，人皆危之。修上书引颜真卿使李希烈事，乞留弼，不报。五月，应诏言事上书，极陈弊事。八月，请补外。闰九月，通判滑州，十月，至任所。

是年十月，泰山处士孙复试校书郎、国子监直讲。宋祁权知制诰，举修自代。

有《答苏子美离京见寄》《喜雪示徐生》等诗，文《画舫斋记》《释秘演诗集序》《送曾巩秀才序》《为君难论》《本论》《答徐无党第一书》等。

庆历三年癸未（1043） 37岁

三月，召还，迁太常丞，知谏院，赐五品服。四月，至京。五月，立按察，举劾才庸，诏从。七月，范仲淹宣抚陕西，获王伦。八月，诏谏官日赴内朝，讨论朝政。九月，赐绯文银鱼。十月，擢同修起居注。十二月，有旨不试，直以右正言知制诰，仍供谏职。

是年三月，吕夷简罢为司徒，监修国史，与议军国大事。以章得象为昭文馆大学士，晏殊为集贤殿大学士兼枢密使，夏竦为枢密使，贾昌朝参知政事。四月，以韩琦、范仲淹为枢密副使，

诏夏竦还本镇，以杜衍为枢密使。吕夷简罢议军国大事。八月，以范仲淹参知政事，富弼为枢密副使，韩琦代范仲淹宣抚陕西。九月，诏辅臣对天章阁。范仲淹退而列举十事，仁宗下诏采用，为新政之始。

有《归雁亭》《滑州归雁亭》《送杨辟秀才》《送慧勤归余杭》《送韩子华》等诗，文《与徐无党第二书》、《论按察官吏札子》《论王举正、范仲淹等札子》《论御贼四事札子》《论吕夷简札子》《论乞主张范仲淹、富弼等行事札子》《论河北守备事宜札子》等。

庆历四年甲申（1044）　38岁

四月，奉命出使河东往视利害。七月末，还京。八月，除公为龙图阁直学士，河北都转运使。九月，三朝典故成书，公尝预编纂，赐诏奖谕。

是年四月，夏竦造为党论。内侍蓝元震上疏论范仲淹等结党。仁宗与执政论朋党事。富弼、范仲淹因朋党事见谗。六月，范仲淹出为陕西河东宣抚使。八月，富弼不安于朝，出为河北宣抚使。保州军叛，修调河北都转运按察使。九月，晏殊罢相知颍州。杜衍拜相，贾昌朝进枢密使、陈执中参知政事。十一月，苏舜钦等被劾，以累杜衍、范仲淹。

有《绛守居园池》《再至西都》《水谷夜行寄子美圣俞》等诗，文《论内出手诏六条札子》《论更改贡举事件札子》《朋党论》等。

庆历五年乙酉（1045）　39岁

正月，范仲淹、富弼、杜衍罢。三月，韩琦罢。上《论杜衍等罢政事状》，指修为朋党者闻此益怒，寻机下手。会修孤甥张氏犯法，牵连及修，傅之以罪，卒辨其诬。仍于八月，落龙图阁直学士，罢都转运按察使，降知制诰，知滁州。十月至郡，作《滁州谢上表》。

是年，次子奕生。

黄庭坚生。

有《自河北贬滁州初入汴河闻雁》《斑斑林间鸠》《镇阳残杏》《镇阳读书》《自勉》等诗，文《请耕禁地札子》《自劾乞罢转运使状》等。

庆历六年丙戌（1046）　40岁

在滁州任上，自号醉翁，常游琅琊山。建亭著文。

有《啼鸟》《游琅琊山》《读徂徕集》《憎蚊》《题滁州醉翁亭》《幽谷晚饮》等诗，文《醉翁亭记》《丰乐亭记》《梅圣俞诗集序》等。

庆历七年丁亥（1047）　41岁

在滁为政，夏，曾巩携王安石文来访。

是年，三子棐生。杜衍致仕。尹洙卒。

有《重读徂徕集》《丰乐亭小饮》《秋怀二首寄圣俞》、《丰乐亭游春三首》《沧浪亭》等诗，文《送杨寘序》等。

庆历八年戊子（1048）　42岁

闰正月，转起居舍人，仍知制诰，徙知扬州。二月，赴任。

五月，在扬州，建平山堂，壮丽为淮南第一。八月，梅尧臣途经扬州。中秋，招梅尧臣、许元、王琪宴饮赏月。

是年，苏舜钦卒。

有《别滁》《答谢判官独游幽谷见寄》《赠歌者》《中秋不见月问客》《酬王君玉中秋席上待月值雨》等诗，文《尹师鲁墓志铭》《祭苏子美文》等。

皇祐元年己丑（1049）　43岁

正月，移知颍州。二月，至郡，乐西湖之胜，将卜居焉。四月，转礼部郎中，八月，复龙图阁直学士。

是年，四子辩生。

有《答吕公著见赠》《西湖戏作示同游者》等诗，文《论尹师鲁墓志》等。词《采桑子》前九首、《浣溪沙》（堤上游人逐画般、湖上朱桥响画轮）。

皇祐二年庚寅（1050）　44岁

七月，改知应天府，兼南京留守司事。十月，因明堂大礼，转吏部郎中，如轻车都尉。

是年，与梅尧臣相约买田于颍。

有《聚星堂前紫薇花》《答原父》《寄圣俞》等诗。

皇祐三年辛卯（1051）　45岁

在南京，于杜衍处得苏舜钦遗稿，为之编集。

有《依韵答杜相公宠示之作》《答大傅相公见赠长韵》《庐山高赠同年刘中允归南康》等诗，文《直州东园记》《苏氏文集

序》等。

皇祐四年壬辰（1052）　46岁

三月，母郑氏卒，年七十有二。修归颍州守制。

是年，范仲淹卒。

始作《集古录目》。

有《祭资政范公文》。

皇祐五年癸巳（1053）　47岁

八月，护母丧归，葬吉州陇冈，胥氏、杨氏二夫人祔葬。冬，复至颍州。

有《先君墓表》《母郑夫人石椁铭》《祭金城夫人文》《七贤画序》。

至和元年甲午（1054）　48岁

五月，服除，除旧官职。六月，入京见仁宗，仁宗恻然，怪公鬓发之白，问公在外几年？今年几何？恩意甚至。七月，权判流内铨。素忌修者恐其将大用，乃伪为修奏请汰内臣，以激众怒。判铨才六日，有选人张彀、胡宗尧例改京官，以官舟假人，宗尧连坐及引对，公奏宗尧所坐簿，且更赦去官，于法当迁。谗者于是言宗尧为翰林学士宿子，故公特庇之，夺人主权。公坐是出守同州。吴充、范镇、刘沆等请留修。八月，诏公修《唐书》。九月，拜翰林学士，兼史馆修纂，又差勾当三班院。十月，朝飨景仁宫天兴殿，摄侍中。十二月，腊飨孝惠、孝章、淑德、章怀皇后庙，摄太尉行事。

有《与子华、原父小饮坐中寄同州江十学士休复》《送徐生之渑池》等诗，文《送徐无党南归序》《资政殿学士、户部侍郎文正范公神道碑铭》等。

至和二年乙未（1055）　49岁

六月，上《论台谏官言事未蒙听允书》论宰相陈执中过恶和人君拒谏之失。陈执中罢相。已而修乞补外，改翰林侍读学士，集贤殿修纂。出知蔡州。七月，复领旧职。八月，假右谏议大夫充贺契丹国母生辰使，会契丹主殂，改充贺国位国信使以往。十二月，宿契丹界松山。

是年，晏殊卒。

有《和刘原父澄心纸》《白兔》《奉使契丹道中答刘原父桑乾河见寄之作》《奉使道中作三首》等诗。文《观文殿学士行兵部尚书西京留守赠司空晏公神道碑铭》《论修河第一状》《论修河第二状》《请驾不幸温成庙札子》《论罢修奉先寺等状》《论狄青札子》等。

嘉祐元年丙申（1056）　50岁

年初，契丹主命贵臣四人押宴，此非常制，以修名重故。二月，还京，进《北使语录》。闰三月，判太常寺，兼礼仪事。五月，知通进银台司，兼门下封驳事。免勾当三班院。六月，京师大雨，坏太社太稷坛，诏群臣实封言时政阙失。修上《论水灾疏》，请立皇子。九月，公为赞引太常卿，加上轻车都尉。进封乐安郡开国侯，加食邑五百户。苏洵抵京，携雷简夫、张方平荐子来谒修。修爱重苏文，献之于朝，上《荐布衣苏洵状》。上《再论

水灾疏》荐包拯、张瓌、王安石，乞更广询探，亟加进擢，置之左右。十一月，上《论贾昌朝除枢密使札子》，乞早罢之。

是年，程琳卒。

有《重赠刘原父》《奉使回出上京马上作》《答圣俞》《赠王介甫》《吴学士石屏歌》等诗，词《朝中措》（"平山栏槛倚晴空"），文《论修河第三状》《廖氏文集序》《鸣蝉赋》《湖州长史苏君墓志铭》《议学状》等。

嘉祐二年丁酉（1057） 51岁

正月，权知礼部贡举。与同知韩绛、王珪、范镇，参详官梅尧臣，锁院五十日，相互唱和，结集《礼部唱和诗》。是士子尚为险怪奇涩之文，号"太学体"，修痛排抑之，凡如是者辄黜。毕事，向之嚣薄者伺修出，聚噪于马首，街逻不能制；然场屋之习，从是遂变。八月，上《论选皇子疏》。九月，兼判秘阁秘书省。十一月，权判史馆。十二月，权判三班院。

是年正月，孙甫卒。二月，杜衍卒。苏轼、苏辙、曾巩、吕惠卿、蒋之奇等中进士。三月，狄青卒。公为狄发哀苑中，摄太常卿。四月，许元卒。七月，孙复卒。九月，王洙卒。

有《和刘原父平山堂见寄》《答梅圣俞大雨见寄》等诗，文《孙甫墓志铭》《祭杜祁公文》《太子太师致仕杜祁公墓志铭》、《与杜䜣论祁公墓志》《尚书工部郎中充天章阁待制许公墓志铭》、《孙明复先生墓志铭》《镇安军节度使同中书门下平章事赠中书令谥文简程公墓志铭》等。

嘉祐三年戊戌（1058） 52岁

三月，兼侍读学士，以员多固辞，不拜。充宗正寺同修玉牒官。同陈旭考试在京百司等人。六月，兼龙图阁学士，权知开封府。

有《尝新茶呈圣俞》《洗儿歌》《归田四时乐》《与梅尧臣合作》等诗，文《浮槎山水记》《辞侍读学士札子》《再辞侍读学士状》《乞定两制员数札子》等。

嘉祐四年己亥（1059）　53岁

二月，免权知开封府，转给事中，同提举在京诸司库务。充御试进士详定官。四月，兼充群牧使。十月，给飨太庙，并摄侍中行事。加护军，食实封三百户。

是年，李淑、陈执中、胡瑗卒。

有《鸣鸠》《代鸠妇言》《啼鸟》《送王平甫下第》《明妃曲和王介甫作》《再和明妃曲》《寄韩子华》等诗，文《病暑赋》《秋声赋》《尚书户部侍郎参知政事赠右仆射文安王公墓志铭》《有美堂记》《举吕公著自代状》等。

嘉祐五年庚子（1060）　54岁

七月，上新修《唐书》二百二十五卷。判修及编修官皆进秩或加职，仍赐器币有加。推赏，转尚书礼部侍郎。八月，乞外未允。九月，兼翰林侍读学士。士大夫相语曰："以富郑公真宰相、胡侍讲真先生、包孝肃真中丞、修真翰林学士，谓之'四真'。十一月，拜枢密副使，加食邑五百户，食实封二百户。同修枢密院时政记。

是年，王举正、刘沆、江休复、梅尧臣卒。

有《奉答原甫见过宠示之作》《二月雪》《哭圣俞》《奉送

原甫侍读出守永兴》诗等，文《祭梅圣俞文》《举苏轼应制科状》《免进五代史状》《尚书刑部郎中充天章阁待制兼侍读赠右谏议大夫孙公墓志铭》等。

嘉祐六年辛丑（1061）　55岁

闰八月，转户部侍郎，参知政事，并进官一等，进封开国公。加食邑五百户，食实封二百户。修辞转官，许之。九月，同修中书时政记。十月，与韩琦、曾公亮谋立皇子。

是年，宋祁、梅挚卒。

有文《胡先生墓表》《梅圣俞墓志铭》《江邻几墓志铭》、《举刘攽、吕惠卿充馆职札子》《乞差检讨官校国史札子》《论牧马草地札子》等。

嘉祐七年壬寅（1062）　56岁

三月，提举三馆秘阁，写校书籍，同译经润文。八月，公与韩琦议定立宗实为皇子，赐名曙，中外闻者相贺。

是年，编《集古录》千卷成，撰《集古录目序》。

有文《集古录目序》《与蔡君谟求书集古录序书》《焚黄祭文》等。

嘉祐八年癸卯（1063）　57岁

四月，皇后传遗诏命太子赵曙即位，是为英宗。恩转户部侍郎，枢密副使，进阶金紫光禄大夫，加食邑五百户，食实封二百户，仍赐推忠协谋佐理功臣。

英宗以疾未亲政，皇太后垂帘，左右交媾，几成嫌隙。韩琦

奏事，太后泣语之故。琦以帝疾为解，太后意不释，修进曰："太后事仕宗数十年，仁德著于天下。昔温成之宠，太后处之裕如，今母子之间，凡不能容邪？"太后意稍和，修复曰："仁宗在位久，德泽在人。故一日晏驾，天下奉戴嗣君，无一人敢异同者。今太后一妇人，臣等五六书生耳，非仁宗遗意，天下谁肯听从。"太后默然，久之而罢。

有《夜宿中书东阁》等诗，文《题薛公期画》《跋杜祁公书》《与王深甫论裴公碣》等。

英宗治平元年甲辰（1064）　58岁

闰五月，转吏部侍郎。

是年五月，皇太后还政。

有《早朝》《早朝感事》《东阁雨中》等诗。文《龙茶录后序》《跋观文王尚书》《跋学士院御诗》等。

治平二年乙巳（1065）　59岁

正月，上三表、二札子，乞外任。不允。八月，以雨水为灾待罪，上三表乞避位。不允。十四日，公与英宗问答于崇政殿。上曰：参政性直，不避众怨。每见奏事时，或与二相公有所异同，便相折难，其语更无回避。亦闻台谏论事，往往面折其短，若似奏事时语，可知人皆不喜也。今后宜少戒之。公对曰：臣以愚拙，敢不如圣训。尝称故相王沂公之言曰：恩欲归己，怨使谁当？且曰：贫贱常思富贵，富贵必履危机，此古人之所叹也。惟不思而得，欲得而不患失之者，其庶几乎？

九月，公奏编纂礼书百卷成，诏名《太常因革体》，赐银帛。

十一月，祀南郊，摄司空行事，进阶光禄大夫，加上柱国，食邑五百户。

有《马上默诵圣俞诗有感》《秋怀》《初寒》等诗，文《仁宗御集序》《徂徕石先生墓志铭》《相州昼锦堂记》《言西边事宜第一状》《言西边事宜第二札子》等。

治平三年丙午（1066） 60岁

三、四月，因"濮议"被劾，连上三表、五札子再乞外任。不允。七月，摄太尉行事。八月，上《乞补馆职札子》，十一月，上《又论馆阁取士札子》，谓当今之患，乃进贤之路太狭。

有文《憎苍蝇赋》《议濮安懿王典礼札子》等。

治平四年丁未（1067） 61岁

正月，英宗崩，神宗即位。覃恩转尚书左丞，进阶特进，加食邑五百户，食实封二百户，仍赐推忠协谋同德佐理功臣。二月，第三子棐登进士第。公夫人薛氏从弟薛宗孺坐举官被劾，冀会赦免，而公乃言，不可以故侥幸，故宗孺坐免官。于是衔恨，扬言公与长媳有暧昧。殿中侍御史里行蒋之奇藉此遂独上殿劾公，乞肆诸市朝。上疑其不然，之奇以御史中丞彭思永为证，伏地叩首，坚请必行。修连上《乞根究蒋之奇弹疏札子》等七次自辩。又上三表乞罢政事，三上乞外郡札子，孙思恭、吴充为之辩诬。神宗两赐手诏慰安，彭思永、蒋之奇见黜。三月，除观文殿学士，转刑部尚书，知亳州，改赐推诚保德崇仁翊戴功臣。闰三月，宣签书驻泊公事，陛辞。乞便道过颍少留，许之。六月，视事。七月，撰《祭石曼卿文》。九月，《归田录》初成。

是年，胡宿，蔡襄卒。

有《再至汝阴三绝》《奉答子履学士见赠之作》《感事四首》《书怀》等诗，文《仲氏文集序》、《赠刑部尚书余襄公神道碑铭》《故霸州文安县主簿苏君墓志铭》《思颍诗后序》《跋薛简肃公书》《祭石曼卿文》《归田录序》等。

神宗熙宁元年戊申（1068） 62 岁

七月，进《濮议》四卷。八月，转兵部尚书，改知青州，充京东东路安抚使。九月，至任。十一月，郊祀大赦，恩加食邑五百户，食实封二百户。

是年，筑第于颍。

有《忆焦陂》《表海亭》，《岁暮书事》等诗，文《集贤校理丁君墓表》等。

熙宁二年己酉（1069） 63 岁

冬，迁僻处岁，二上乞寿州札子，以寿州近颍，以尽余生，不允。

有《表州书事》《留题南楼二绝》《日长偶书》等诗，文《集贤院学士刘公墓志铭》等。

熙宁三年庚戌（1070） 64 岁

四月，除检校太保宣徽南院使、判太原府，河东路经略安抚监牧使，并兼代泽潞麟府岚石路兵马都总管。欲令赴阙朝见，修以久疾不堪重任，六上章坚辞。七月，诏改新判太原府欧阳修罢宣徽南院使，复为观文殿学士，知蔡州。九月到任。

是年，更号六一居士。

有《山斋戏书绝句二首》《嘲少年惜花》《昼锦堂》等诗，文《诗谱补邱后序》《泷冈阡表》《续思颖诗序》《六一居士传》等。

熙宁四年辛亥（1071） 65岁

四月，奏请告老。六月，以观文殿学士，太子少师致仕。七月，归颖。编《诗话》成。九月，杭州通判苏轼赴任途中与苏辙到颖谒见，留颖二十余日。

有《答和吕侍读》《解官后答韩魏公见寄》《余昔留守南都得与杜祁公唱和诗有答公见赠二十韵之卒章云报国如乖愿归耕宁买田期无辱知己肯逐利名迁逮今二十有二年祁公捐馆亦十有五年矣而余始蒙恩遂退休之请追怀平昔不胜感涕辄为短句置公祠堂》《寄题景纯学士藏春坞新居》等诗，文《江邻几文集序》《薛简肃公文集序》等。

熙宁五年壬子（1072） 66岁

闰七月二十三日卒。年六十六。八月，赠太子太师。诏进《五代史》。

有《绝句》《初夏西湖》等诗，文《跋三绝帖》。

熙宁七年甲寅（1074）

八月，谥文忠。

熙宁八年乙卯（1075）

九月，葬于开封府新郑县旌贤乡。